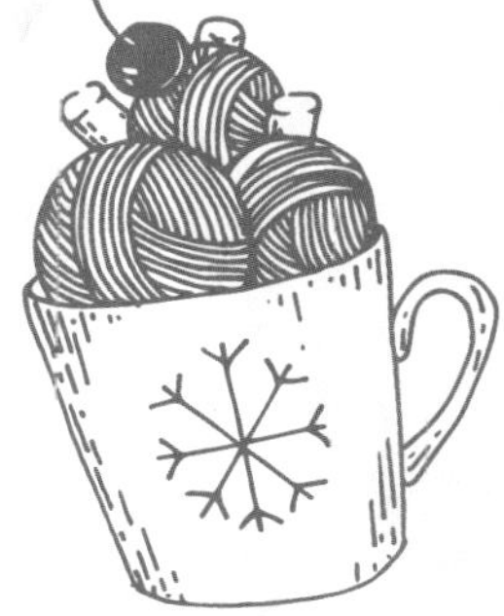

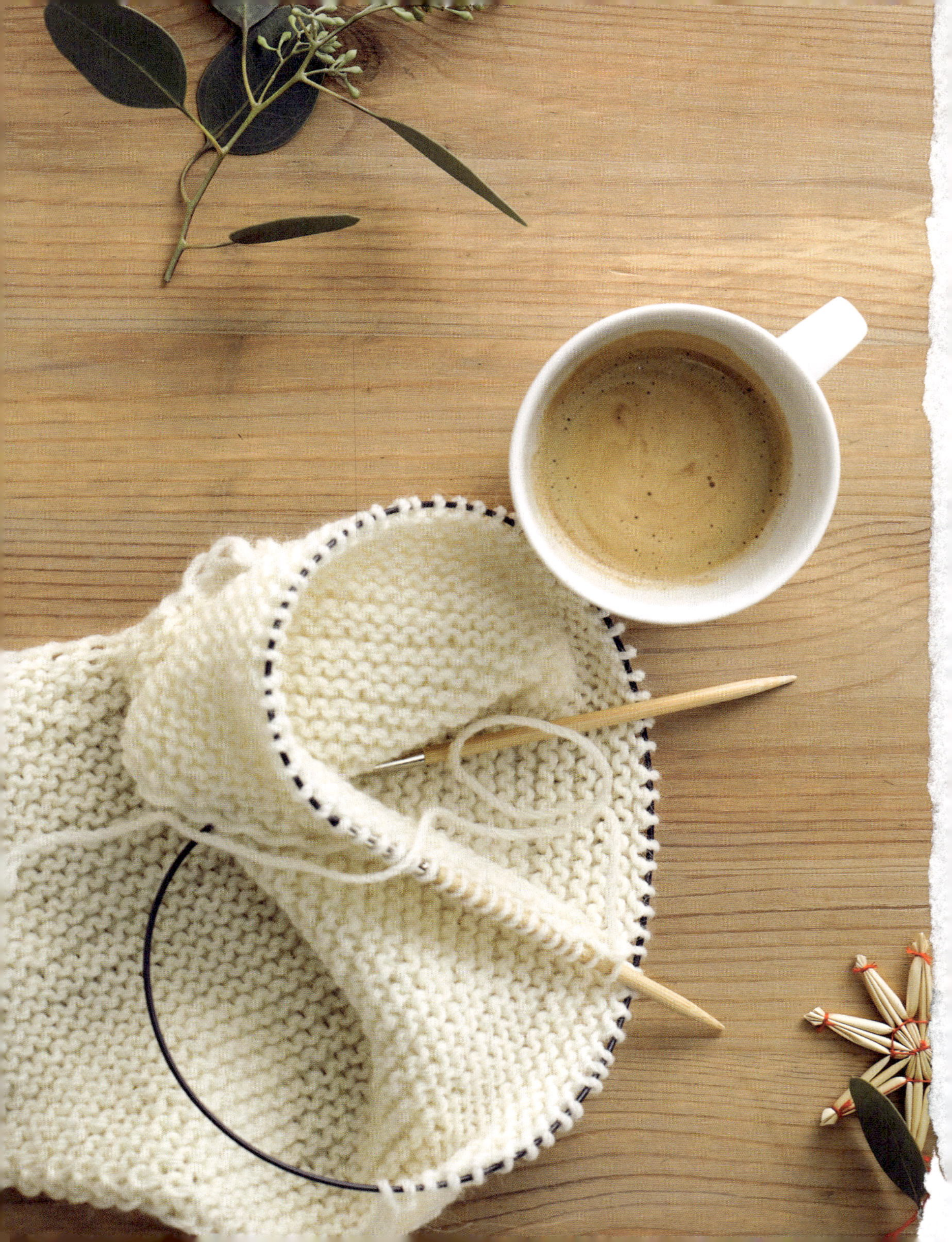

MARTINA BEHM

ADVENTSKALENDER

Stricken & Schmökern

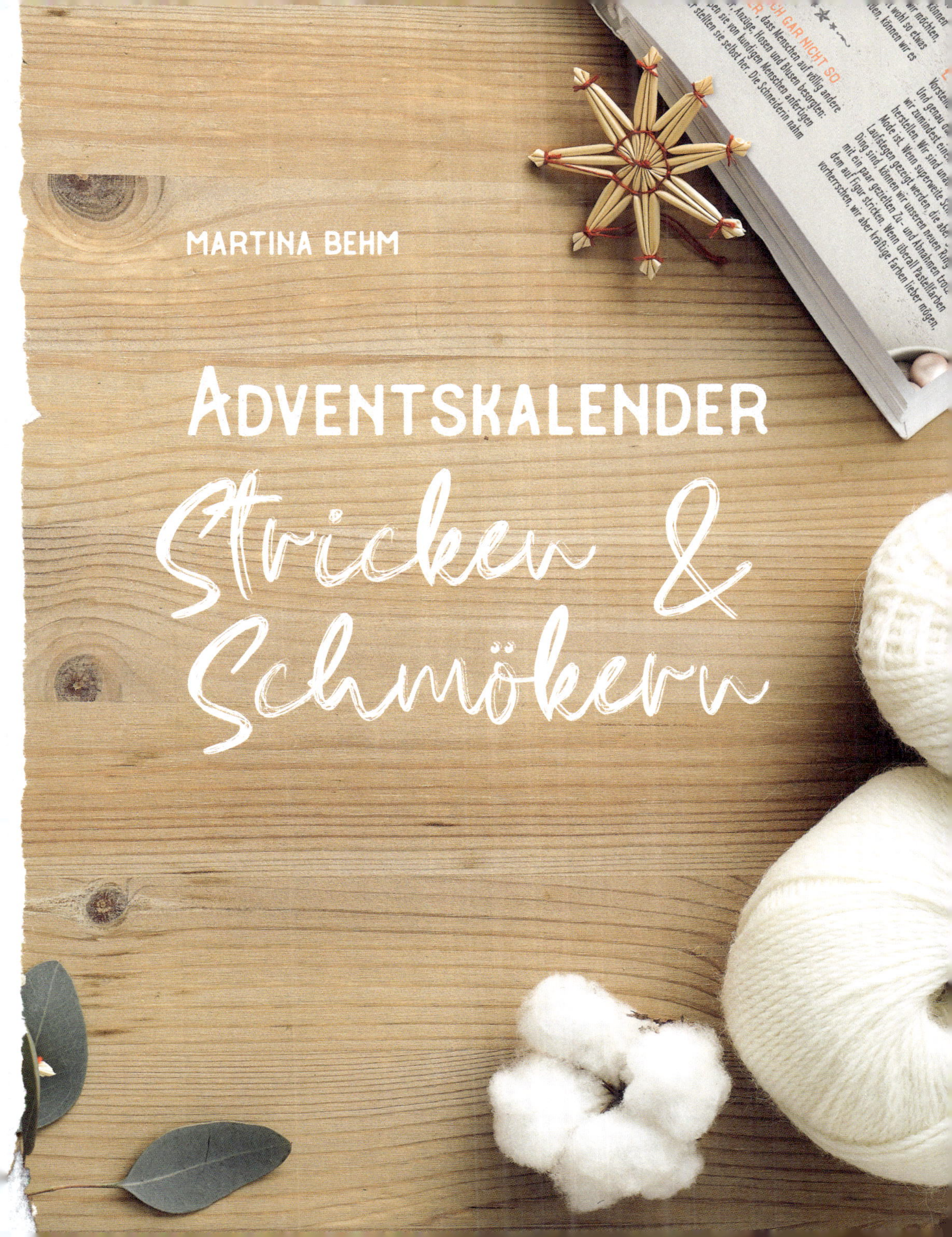

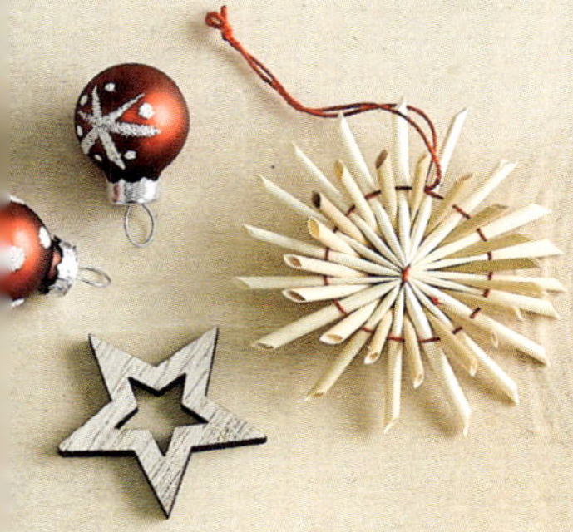

8 Vorwort

10 Material

13 Adventskalender

109 Techniken

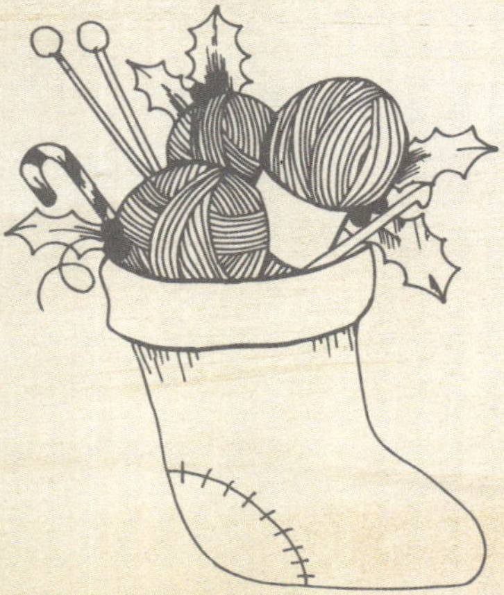

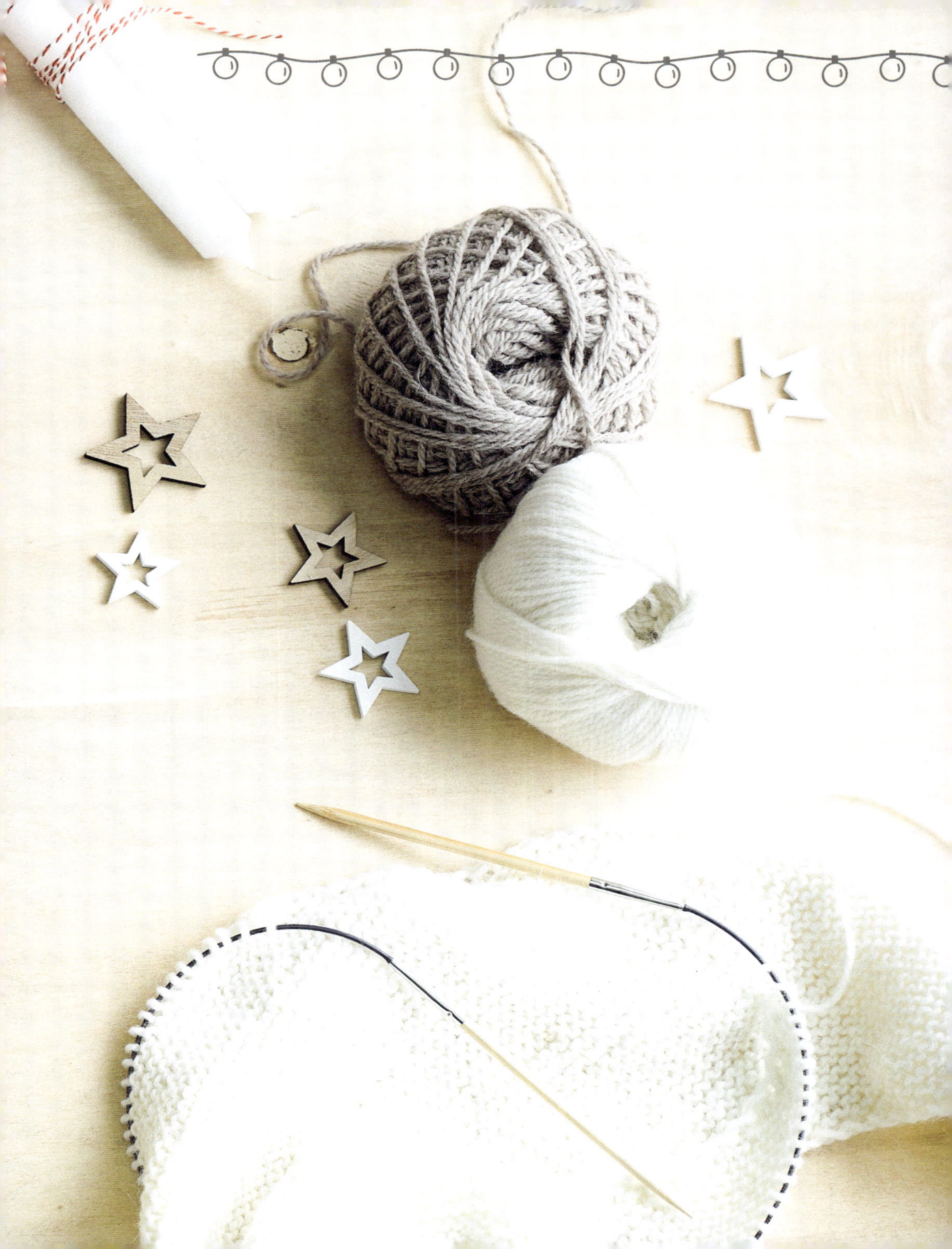

Stricken ist viel mehr als ein Hobby: Es ist die Pause vom Alltag, das Durchatmen am Ende eines Tages. Es ist der selbst entworfene Pullover, der viel besser passt als die Kleidung, die man kaufen kann. Es sind die warmen Füße in selbst gestrickten Socken an einem kalten Wintertag. Es ist die Mütze, die sonst niemand hat und uns unverwechselbar macht. Es ist die Freude an bunten Garnen in unserem Vorrat und das Gefühl, uns und anderen etwas Gutes zu tun.

Stricken ist Liebe zum Verschenken – gerade im Winter und zu Weihnachten, und darum natürlich auch in der Vorweihnachtszeit. Jetzt sind die Stunden, die wir ganz in Ruhe mit unserem Strickzeug verbringen, umso wichtiger: Denn während wir zwischen Weihnachtsfeiern, Geschenke-Einkaufstouren und Festtagsvorbereitungen unterwegs sind, bleibt die Zeit für uns selbst oft auf der Strecke.

Dieser Adventskalender für Strickbegeisterte möchte während der hektischen Adventstage 18 kleine Lese-Auszeiten ermöglichen, die uns in Erinnerung rufen, warum wir unser Hobby so lieben – und warum es so wichtig ist, uns mit dem Strickzeug auch Zeit für uns selbst zu nehmen. Hinzu kommen 6 kleine Strick-Projekte, die sich schnell und einfach einschieben lassen und sich auch als Geschenke in letzter Minute eignen.

Ich wünsche allen Strickbegeisterten eine schöne Adventszeit!

Martina Behm

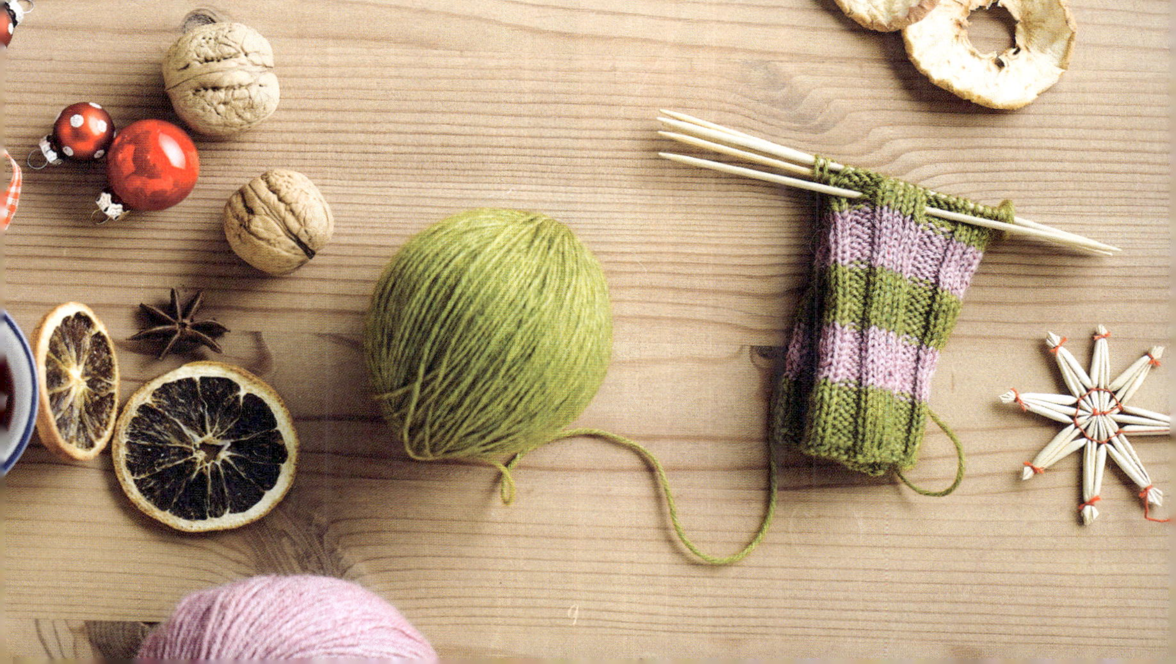

MATERIAL

Wer mit den auf den folgenden Seiten zu entdeckenden Strickprojekten direkt losstricken und sich schon die passenden Garne, Stricknadeln und weiteres Zubehör zurechtlegen möchte, sollte einen Blick auf die folgenden Angaben werfen. Hier sind alle in diesem Buch verwendeten Materialien aufgelistet.

Garn

- Kremke Soul Wool Alpaka Bouclé (89 % Alpaka, 11 % Polyamid, Lauflänge 250 m/50 g) in Naturweiß (Fb 01), 3 g oder ein Rest eines anderen weißen Bouclé- oder Flauschgarns
- Rosy Green Wool Cheeky Merino Joy (100 % Wolle, Lauflänge 320 m/100 g) in Rubin (Fb 50), 3 g oder ein Rest eines vergleichbaren weißen Garns
- Rosy Greer Wool Cheeky Merino Joy (100 % Wolle, Lauflänge 320 m/100 g) in Edelweiß (Fb 65), 10 g oder ein Rest eines vergleichbaren weißen Garns
- Schoppel Gradient (100 % Schurwolle, Lauflänge 260 m/100 g) in Streiflichter (Fb 2357), 200 g oder ein vergleichbares Garn mit Farbverlauf
- Schoppel Zauberball Edition 3 (100 % Wolle, Lauflänge 150 m/50 g) in Strandcafé (Fb 2329), 20 g oder ein vergleichbares Garn mit Farbverlauf
- Schoppel Pur (100 % Wolle, Lauflänge 150 m/100 g) in Cranberries (Fb 1963), 100 g oder ein vergleichbares Garn mit Farbverlauf
- BC Garn Loch Lomond Bio im Strang (100% Wolle, Lauflänge 150 m/50 g) in Petrol 02 (Fb 02), 20 g oder ein vergleichbares petrolfarbenes Garn

Nadeln

- Rundstricknadel, 80 cm lang, 2,0 mm
- Rundstricknadel, 80 cm lang oder zwei Nadelspielnadeln, 3,25–3,5 mm
- Rundstricknadel, 80 cm lang, 4,0 mm,
- Rundstricknadel, 80 cm lang oder Nadelspiel 5,0 mm
- 2 Nadelspielnadeln 4,0 mm
- 1 Nadelspielnadel 5,0 mm
- 2 Ring-Maschenmarkierer
- 3–4 mm Häkelnadel
- Stopfnadel

Sonstiges

- Füllwatte
- Schaumstoffkissen, quadratisch, Höhe 3 cm, Seitenlänge 34 cm oder mehr

EINE SCHÖNE ADVENTSZEIT! Als kleines Extra lohnt sich bei diesem Buch übrigens der Blick in die digitale Bibliothek. Hier warten nach erfolgter Registrierung drei kleine Überraschungen auf alle Strickbegeisterten:

www.topp-kreativ.de/digibib

Den Freischaltcode finden Sie im Impressum.

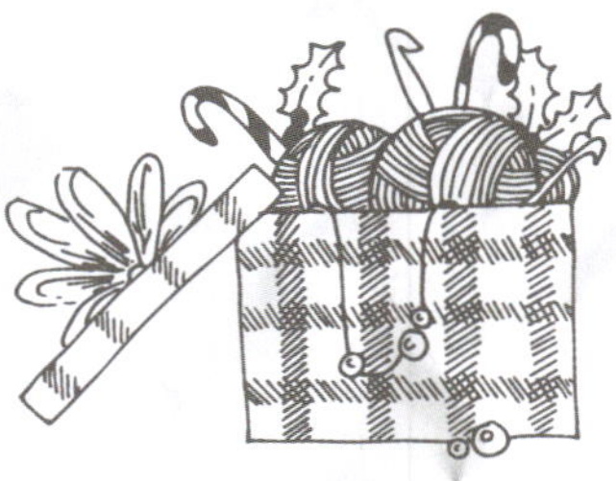

1

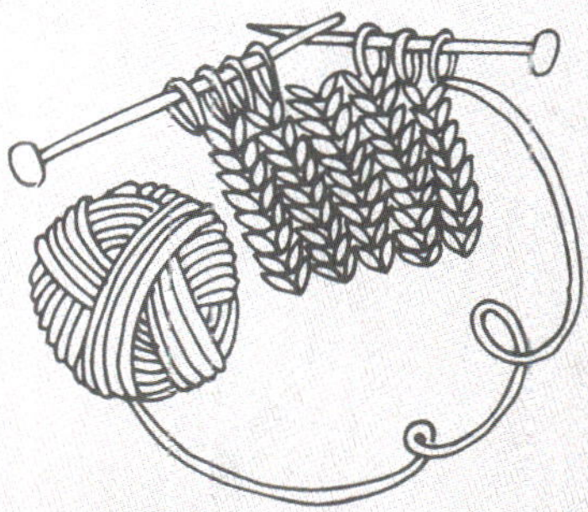

Stricken ist Vorfreude

Manchmal fängt es mit dem Garn an: Vielleicht ist es ein besonders schöner Strang handgefärbten Sockengarns in den Lieblingsfarben, der schon sehr lange in der Kiste mit den speziellen Schätzen liegt und darauf wartet, verstrickt zu werden. Manchmal ist es ein Foto, das eine befreundete Strickerin geschickt hat: ein tolles Schultertuch nach einer neuen Anleitung, mit einem zarten Lacemuster. Manchmal fängt es mit einer Idee an, ein Stück in einer bestimmten Farbe soll es sein, mit Lochmuster oder Zöpfen. Und die Vorfreude beginnt in dem Moment, in dem wir genau das finden, was dem Garn, der Anleitung oder der Idee noch fehlt: Wir blättern in unserer Bücher- und Strickzeitschriftensammlung, durchstöbern das Internet nach Anleitungen, tauchen tief in unseren Wollvorrat und geraten in das, was Psychologen gerne „Flow" nennen – einen Zustand, in dem wir vollkommen mit dem beschäftigt sind, was wir gerade tun. In dem wir Raum und Zeit und natürlich auch den Alltag vergessen, ganz eins werden mit der Idee, jetzt bald ein neues Strickprojekt anzuschlagen, und in freudiger Erwartung alles zusammensuchen, was wir dafür brauchen. Vielleicht ist ein Besuch in unserem Lieblingswollgeschäft notwendig oder wir stöbern auf den Webseiten von Menschen, die Wolle färben oder damit handeln, um das passende Garn zu finden.

Die Vorfreude geht weiter, wenn wir an den Zeitpunkt denken, an dem es endlich so weit sein wird: der Abend oder Sonntagnachmittag, an dem nichts anderes ansteht, niemand etwas von uns will, den wir reserviert haben für uns und das neue Projekt. Ein Zeitraum, in dem die alltäglichen Pflichten weit weg sind. Ein Fenster nur für uns und das, was uns Freude macht. Und wenn es dann so weit ist und alles bereit liegt, steigert sich die Vorfreude noch mal: in das Gefühl, dass der Prozess beginnt, in dem wir mit unseren eigenen Händen etwas Neues erschaffen, etwas Schönes. Etwas, das sich gut und richtig auf unserer Haut und unserem Körper anfühlen wird. Etwas, dessen Farbe, Form und Beschaffenheit unsere eigene Entscheidung war. Etwas, das wir selbst in der Hand haben. Jede Masche bringt uns näher zum Ziel. Je länger wir das Garn durch unsere Finger gleiten lassen, sorgfältig

Musterschriften folgen oder ganz ohne hinzusehen einfach Masche um Masche stricken, desto mehr nimmt das Gestrick unter unseren Händen Form an. Wir können erkennen, wie es aussehen wird. Es vielleicht schon anprobieren, messen, überlegen. Möglicherweise noch mal etwas aufribbeln und anders arbeiten. Aber weitermachen, die Vorfreude nicht abreißen lassen. Bis es dann, eines Abends, wahrscheinlich spät – alle anderen sind schon im Bett –, so weit ist: Das Tuch, der Pullover, das Paar Socken ist fertig. Unsere Vorfreude ist (hoffentlich!) zur Freude geworden, unsere Erwartung hat sich erfüllt, wir können uns zurücklehnen und genießen, was wir da geschaffen haben.

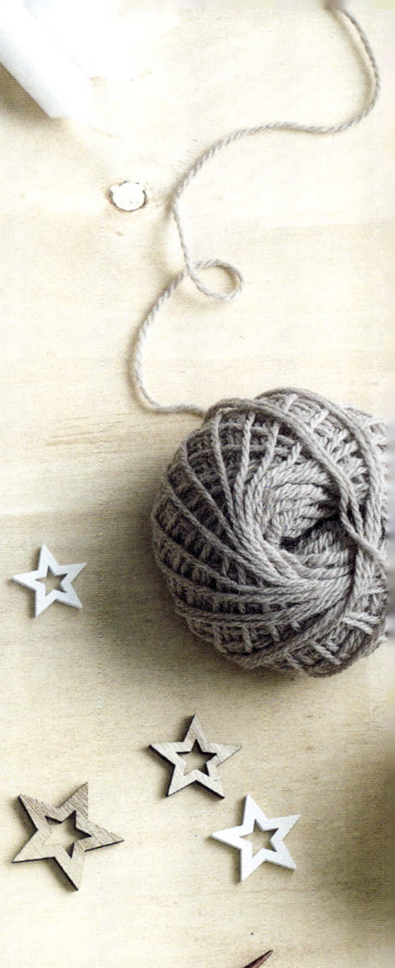

Der Advent ist eine sehr aufregende und oft eine anstrengende Zeit, aber vor allem eine Zeit der Vorfreude – und was könnte also besser dazu passen als ein neues Strickprojekt?

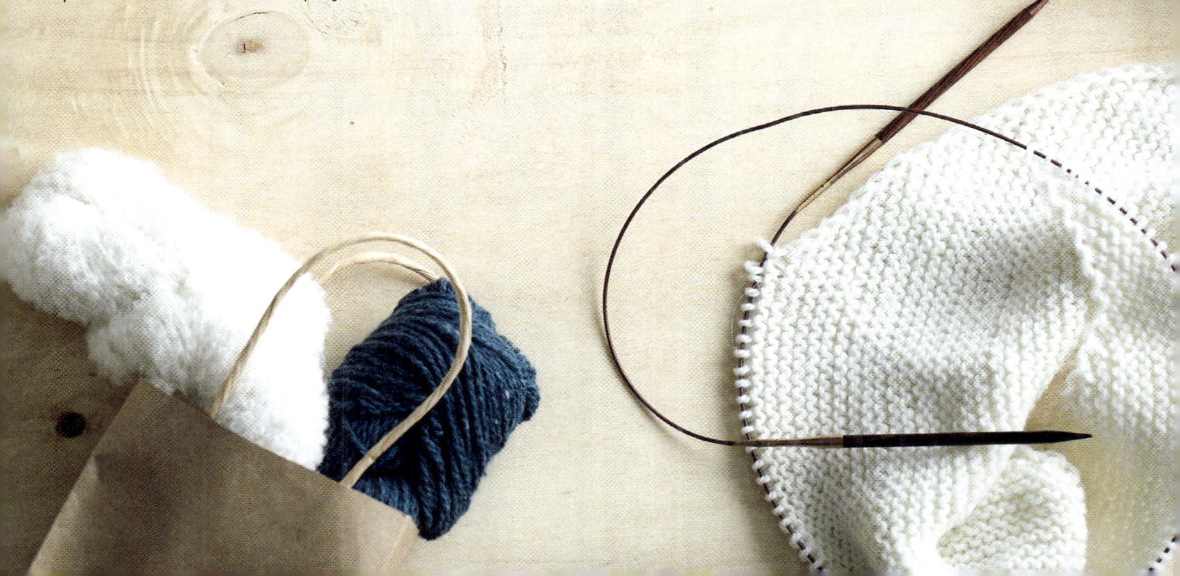

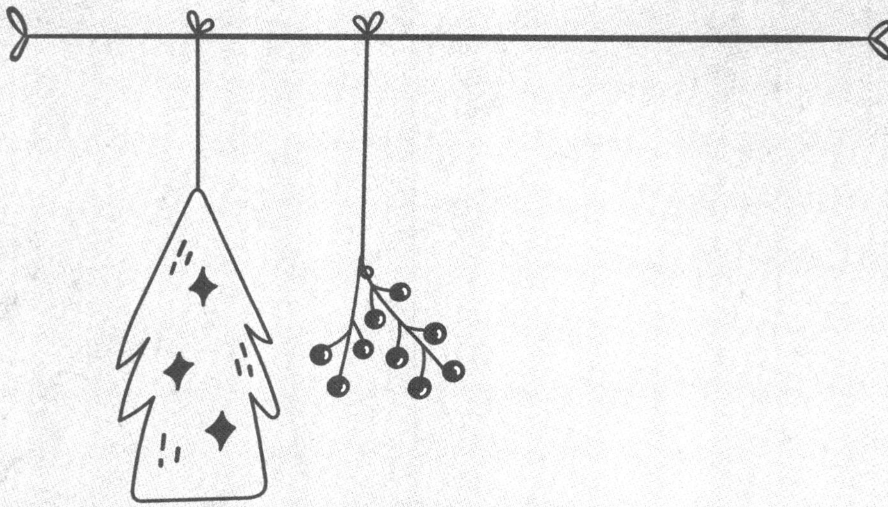

2

Stricken als GESCHENK – ganz ohne Stress!

DER DEZEMBER KOMMT, wie immer, völlig überraschend: nur noch gut drei Wochen bis Weihnachten! Und so viele Menschen brauchen noch ein schönes Geschenk, etwas Persönliches. Etwas wirklich Gutes, Liebevolles. Oder eine hübsche Kleinigkeit. Was läge da näher, als sofort zu Garn und Stricknadeln zu greifen? Eine Mütze für die Postbotin, ein Paar Socken für die Cousine, ein Schal für Opa und ein Lool für den Teenager, das würde doch passen! Aber selbst dann, wenn wir im Stricken sehr routiniert und ultraschnell sind, wir drei Wochen Urlaub eingereicht haben und uns jede Mahlzeit liefern lassen: Die Zeit wird leider nicht reichen. Es gibt Geschichten von Menschen, die schon im Sommer Excel-Tabellen anlegen, in denen jedes gestrickte Weihnachtsgeschenk für den kommenden Dezember aufgeführt ist, sodass dann an Weihnachten pünktlich alles unterm Baum liegt. Oft klappt es dann trotzdem nicht und es muss nachts um zwei etwas abgekettet, zusammengenäht oder gespannt werden.

ODER ES KAM eine aufregende Tuch-Anleitung dazwischen, die einfach so viel attraktiver aussah als die graubraun geringelten Socken, die Onkel Heinz sich zum Fest gewünscht hat. Und das war's dann mit dem schönen Plan, und es gibt großen Strickfrust und für Onkel Heinz doch wieder nur eine extragroße Schachtel Schnapspralinen. Und vielleicht einen Gutschein über ein Paar Socken, die dann – falls nicht wieder ein tolles Tuch dazwischenkommt – Ostern mit einer lieben Karte in der Post liegen, mit ganz viel schlechtem Gewissen.

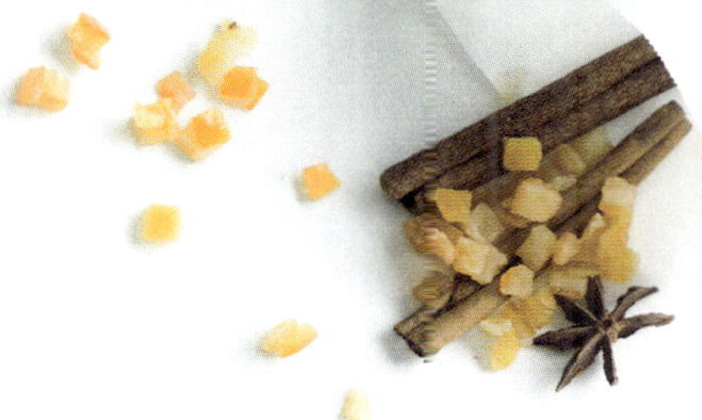

Beim weihnachtlichen Geschenkestricken geht es – wie eigentlich bei allem, was mit Stricken zu tun hat – nicht nur um das, was am Ende dabei herauskommt. Handschuhe mit Zopfmuster, originell konstruierte Mützen oder die Westen mit Fair-Isle-Muster sollen den Beschenkten Freude machen, keine Frage. Aber, und das ist genauso wichtig: Auch wer sie strickt, soll Spaß daran haben. Und der Spaß passiert auf zwei Ebenen: Das Strickprojekt muss attraktiv sein, das Garn angenehm und auch in den Augen der strickenden Person einigermaßen hübsch anzusehen. Wer sich schon mal wochenlang mit einen Loopschal aus Acryl-Flauschwolle herumgequält hat, weil sich ein modebewusster Teenager das so sehr gewünscht hat, weiß, wovon ich rede. Der andere Teil des Spaßes ist, dass die beschenkte Person die Gabe auch wirklich zu schätzen weiß: Es ist eben nicht nur eine maßgefertigte Mütze aus dem Wunschgarn oder das Paar extrawarme Socken passend zum Lieblingsschlafanzug. Es sind viele Stunden, in denen außer Stricken, vielleicht noch Hörbuchhören oder Seriengucken nicht viel möglich war. Stunden, die reserviert waren für dieses eine Geschenk, diesen einen Menschen, der viel bedeutet. So viel, dass wir das Gefühl hatten, dass eine Tüte Weihnachtsmandeln oder ein Badesalz-Geschenkset eben nicht ausreichen. Und es ist wichtig, dass dieser Mensch uns und unser Hobby eben gut genug kennt, um zu wissen, dass es sich hierbei nicht nur um ein wollenes Etwas handelt, sondern um ein Stückchen Lebenszeit – wertvoller als alles, was Geld kaufen kann.

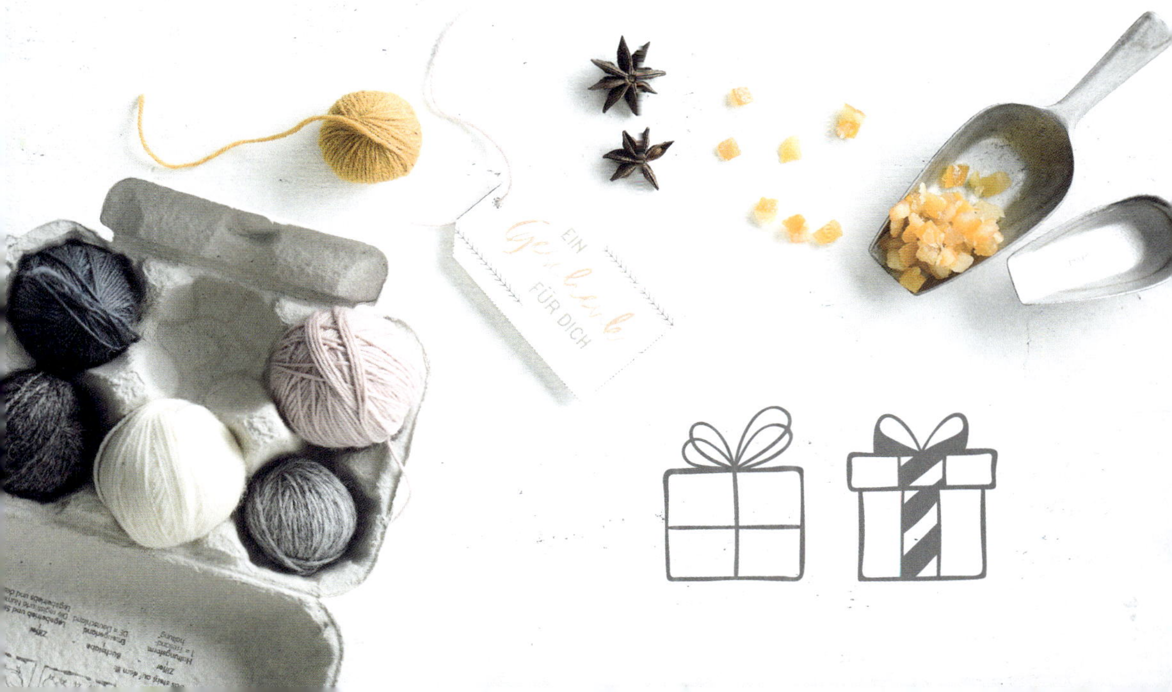

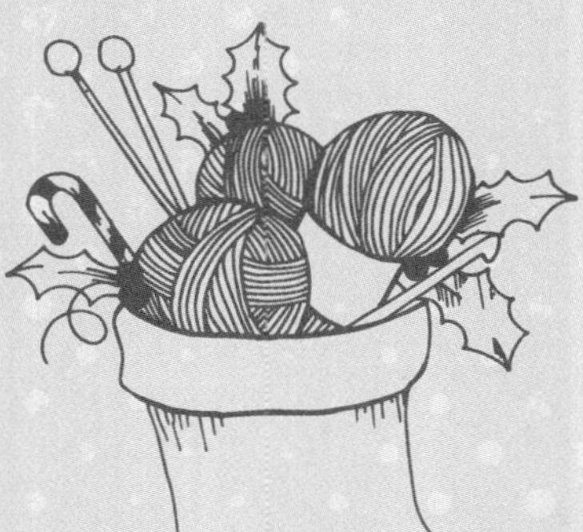

3

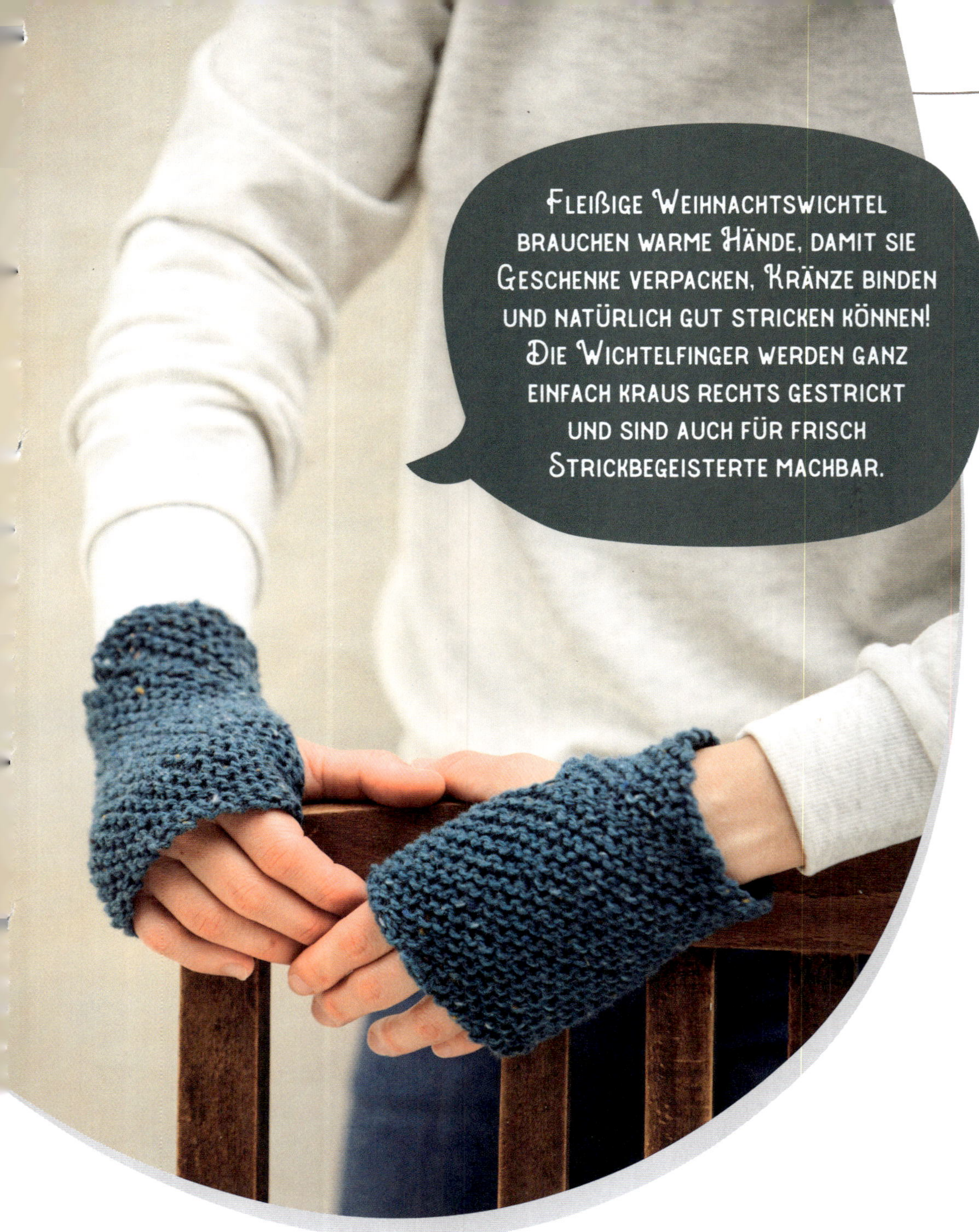

Fleißige Weihnachtswichtel brauchen warme Hände, damit sie Geschenke verpacken, Kränze binden und natürlich gut stricken können! Die Wichtelfinger werden ganz einfach kraus rechts gestrickt und sind auch für frisch Strickbegeisterte machbar.

Wichtelfinger

Material

- BC Garn Loch Lomond Bio (100% Wolle, Lauflänge 150 m/50 g) in Petrol (Fb 02), 20 g (ein 50-g-Strang reicht für zwei Paar Handwärmer)
- Rundstricknadel 4,0 mm
- Stopfnadel

Maße

An die eigene Handgröße anpassbar; hier:
Höhe: 14 cm
Breite: 8,5 cm

Maschenprobe

Kraus rechts mit Nadel 4,0 mm:
17 Maschen auf 10 cm

Anleitung

Hinweis: Die Schemazeichnung auf Seite 118 beachten.

36 Maschen anschlagen.
Reihe 1: rechts stricken
Reihe 2: 2reZus, bis zur letzten Masche rechts, kfb.
Reihen 1 und 2 so oft wiederholen, bis die kurze Seite des Parallelogramms gut um die Hand herumreicht. Die Maschen abketten.

Anschließend die Abkettkante und die Anschlagskante unauffällig zusammennähen, dabei ein Loch für den Daumen frei lassen. Die Fäden vernähen – fertig!

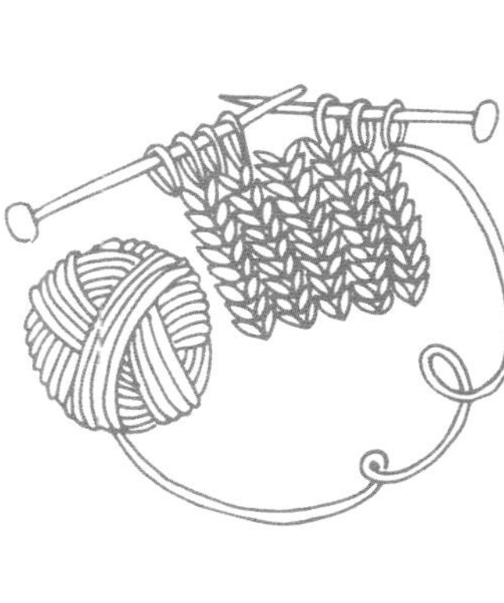

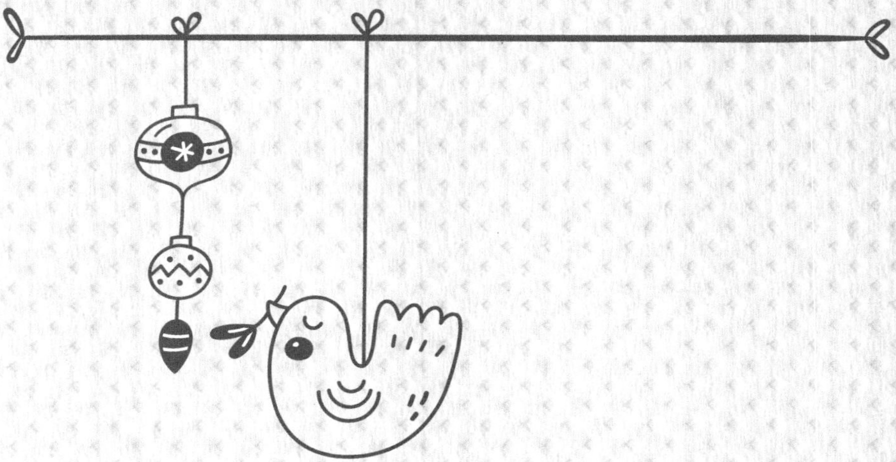

4

Beschenke DICH!

Klar, in der Adventszeit und zu Weihnachten geht es ganz viel um Nächstenliebe: es anderen schön machen, an andere denken, für andere da sein. Gemeinsam mit anderen schöne Stunden erleben, etwas Tolles essen, zusammen singen und feiern. Anderen etwas abgeben, Geld, Zeit oder Selbstgestricktes spenden. Es sind Weihnachtsfeiern im Büro, der Adventskaffee für die Dorfsenioren oder der Besuch im Kindertheaterstück zu organisieren. Und noch im November haben wir Adventskränze, Adventskalender und Lichterketten besorgt und damit das Haus dekoriert. Je näher wir Weihnachten kommen, desto mehr packt uns der Gedanke: Was schenke ich Kindern, Eltern, Liebsten? Tanten und Cousinen, Freundinnen und Kumpels, der Chefin, den Kolleginnen und Kollegen oder dem netten Mann vom Lebensmittel-Bringdienst?

In unseren Köpfen finden in der Adventszeit sehr viele Menschen und ihre Bedürfnisse statt. Nur an eine Person denken wir vielleicht noch seltener als sonst: uns selbst. Denn – das haben viele von uns schon als junge Menschen eingetrichtert bekommen – für sich selbst zu sorgen, die eigenen Bedürfnisse wahrzunehmen und sie genauso wichtig zu finden wie die anderer Leute, das gilt schnell als egoistisch. Dieser Gedanke sitzt bei vielen von uns tief und wir haben ein schlechtes Gewissen, wenn wir nicht nur zu anderen, sondern zu uns selbst nett sind. Zum Beispiel, indem wir überlegen, was uns im Advent wichtig ist. Vielleicht ist uns Adventsdeko eigentlich egal? Zum Kindertheaterstück könnte vielleicht der andere Elternteil mitgehen? Und muss es wirklich jedes Jahr der selbst gebackene Stollen sein? Oder kann die kleine Bäckerei im Nachbarort das vielleicht auch ganz gut?

Die gewonnene Zeit lässt sich dann für Dinge nutzen, die uns Freude machen: bei einer Tasse Tee ein Adventsgedicht lesen. Oder mit der besten Freundin telefonieren oder eine Strickzeitschrift nach einem neuen Projekt durchstöbern: ein leichtes Top für den nächsten Urlaub im Frühling. Ein paar extrawarme Fäustlinge für die Winterspaziergänge mit dem Hund oder die Abende mit der Clique beim Glühwein auf dem Weihnachtsmarkt. Und ja, da sind auch wieder diese entzückenden Kinder-Strickjacken, diese Mütze da würde der Cousine ganz hervorragend stehen und der Schal auf Seite 12 wäre perfekt für Opa Günther...

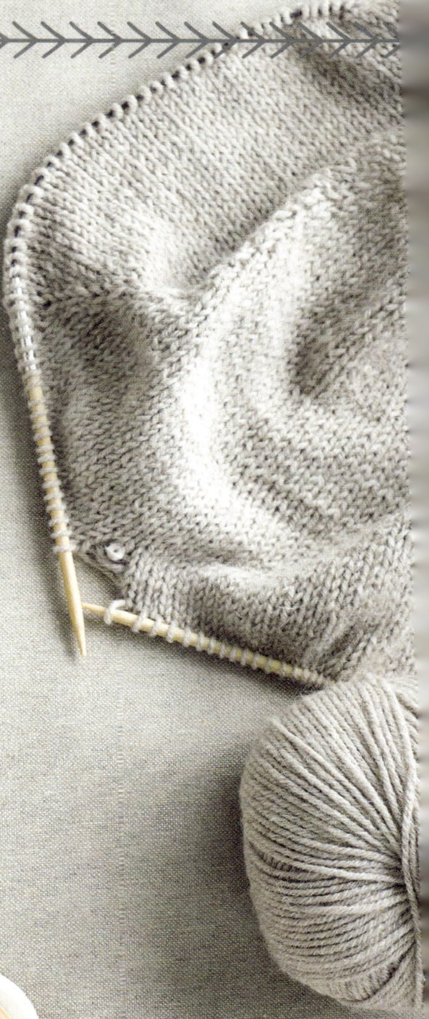

ABER JETZT GEHT ES DARUM, etwas für uns zu tun. Etwas ganz nach den eigenen Bedürfnissen und dem eigenen Geschmack zu stricken. Mit einem Garn, das dafür auch gern extra im Wollgeschäft oder Onlineshop ausgesucht wurde. Genau passend, wunderschön, vielleicht handgefärbt, aus edlem Material. Etwas Besonderes, nur für uns, das sagt: Das hier ist ein Geschenk, etwas Schönes. Etwas, das wir uns gönnen, mit dem wir uns selbst zeigen: Es ist gut, wenn es uns gut geht. Und mit jeder Masche und jeder Minute, die wir in dieser hektischen Zeit damit verbringen, erinnern wir uns daran. Und machen uns damit selbst ein Geschenk.

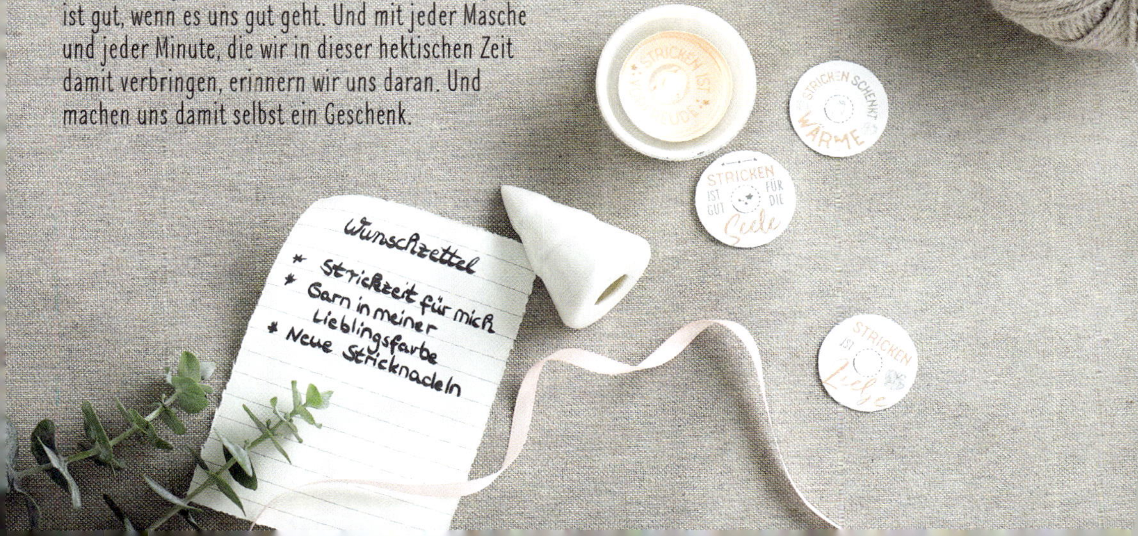

5

Im WOLLschrank

MANCHE VON UNS haben eine luftdicht verschließbare Kiste. Manche zwei davon oder drei. Andere haben größere Kisten, einen Schrank oder ein ganzes Zimmer, nur für den Wollvorrat! Das ist kaum verwunderlich, denn Strickgarn ist leicht und voluminös und – verglichen mit anderen Gegenständen, die Menschen in ihrer Freizeit sammeln – eher günstig. Und, das muss aber eigentlich nicht extra erwähnt werden, viel, viel nützlicher!

WAS, FRAGE ICH MICH, möchte der Mann aus der Oberpfalz mit seinen 40 000 Kugelschreibern anstellen? Oder die Dame aus Nordwestbrandenburg mit allen Happy-Hippo-Figuren, die jemals produziert wurden? Sicher, man kann sie angucken, dekorativ in Vitrinen anrichten, sie herzeigen und mit dem eigenen Fachwissen darüber ein bisschen angeben (gegeben, es kommen Leute vorbei, die das interessiert). Vielleicht ließe sich so eine Sammlung auch irgendwann gewinnbringend verkaufen, aber das halte ich bei Kulis und Plastikfigürchen für einen Nebenaspekt.

Mit Garn lassen sich all diese Tätigkeiten genauso oder besser verrichten: Handgefärbtes Garn sieht spektakulär aus und hat es mindestens ebenso verdient wie antikes Porzellan, in einem extra dafür angeschafften Schrank mit Glastüren und Spot-Beleuchtung ausgestellt zu werden. Außerdem eignet es sich hervorragend zum Fachsimpeln: Hast du das hier schon gesehen? 30 Prozent Seide, 70 Prozent Alpaka und mit Farbverlauf, das ist extrem selten! Und dieses hier, das habe ich von einem Strickfestival in Dänemark mitgebracht, die Färberin hat inzwischen aufgehört, eine echte Rarität! Oder hier, ein Garn von einer bayrischen Handfärberin aus dem Jahr 2004, noch mit dem alten Etikett. Mit Menschen, die ebenso gerne stricken wie wir selbst, können wir uns stundenlang so vergnügen!

GEGENÜBER ANTIKEN SIEGELRINGEN, Kronkorken aus aller Welt oder Computertastaturen hat Strickgarn einen entscheidenden Vorteil: Wir können es nutzen, um etwas Neues zu erschaffen. Aus dem Strang Garn, der natürlich an sich schon ein kleines Kunstwerk ist, können wir ein Paar sich selbst ringelnde Socken stricken, die dann

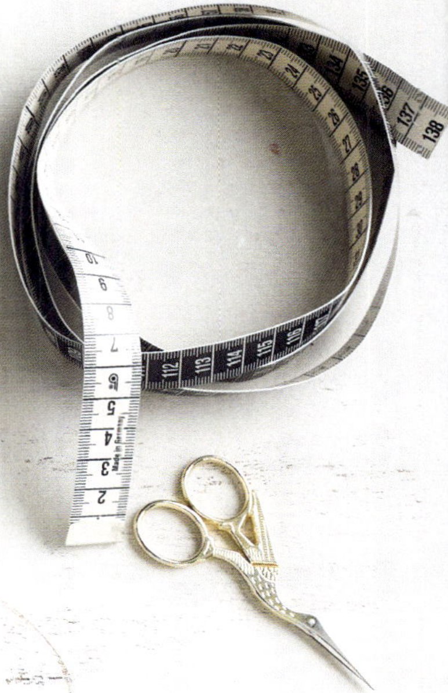

noch spektakulärer aussehen und auch noch jemandem die Füße wärmen. Aus der lustigen Flauschwolle entsteht eine ebenso flauschige Mütze, die uns vor kalten, schmerzenden Ohren bewahrt. Und das extra aus Cornwall importierte Garn mit Gotlandschafwolle wird zum Zopfpullover, zwar etwas kratzig, dafür aber wärmer als alle anderen Stücke in unserem Kleiderschrank.

Und wie immer beim Stricken:

Nicht nur das derart zu etwas Nützlichem transformierte Garn stiftet Freude, wahrscheinlich hat auch die Person, die es zuvor gekauft, gehütet und dann seiner Bestimmung zugeführt hat, währenddessen sehr viel Spaß gehabt: beim Aussuchen im Laden oder im Internet, beim Auspacken, Wegpacken und Umpacken. Beim Träumen davon, was daraus werden könnte. Beim Heraussuchen der idealen Strickanleitung für dieses Garn. Und natürlich beim Stricken selbst. Darum: Falls uns jemand fragt, was wir uns zu Weihnachten wünschen – ein Gutschein für das Lieblingswollgeschäft ist immer richtig. Egal, wie groß der Vorrat schon ist.

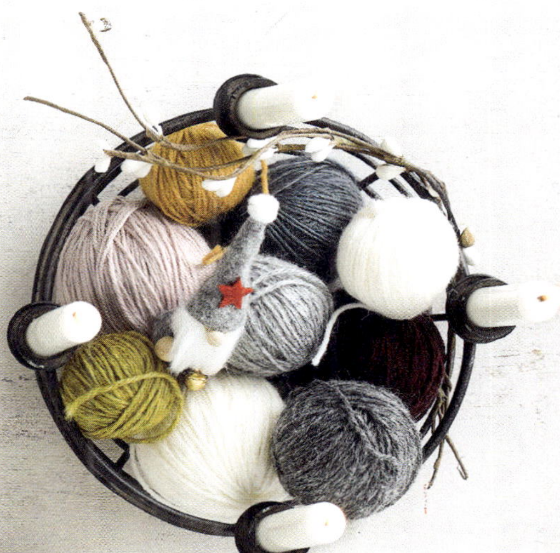

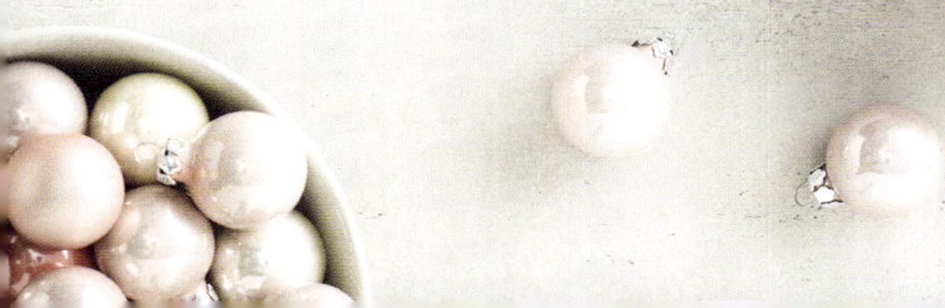

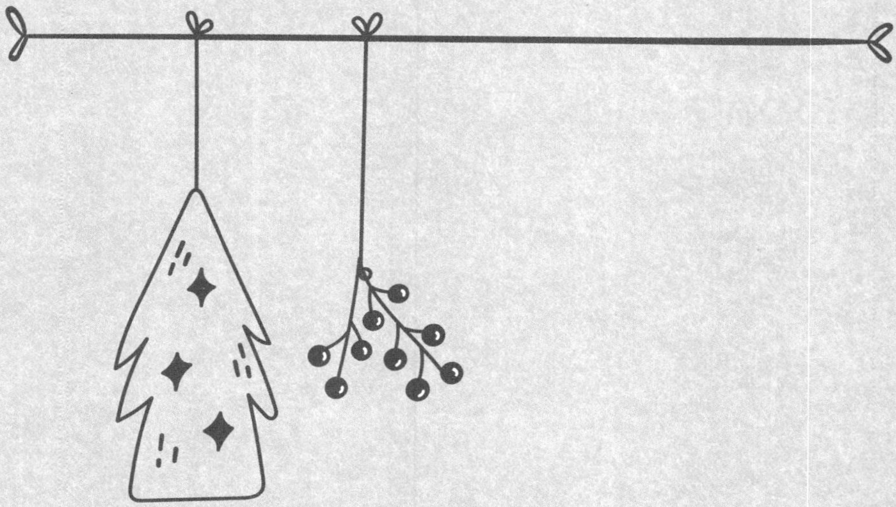

6

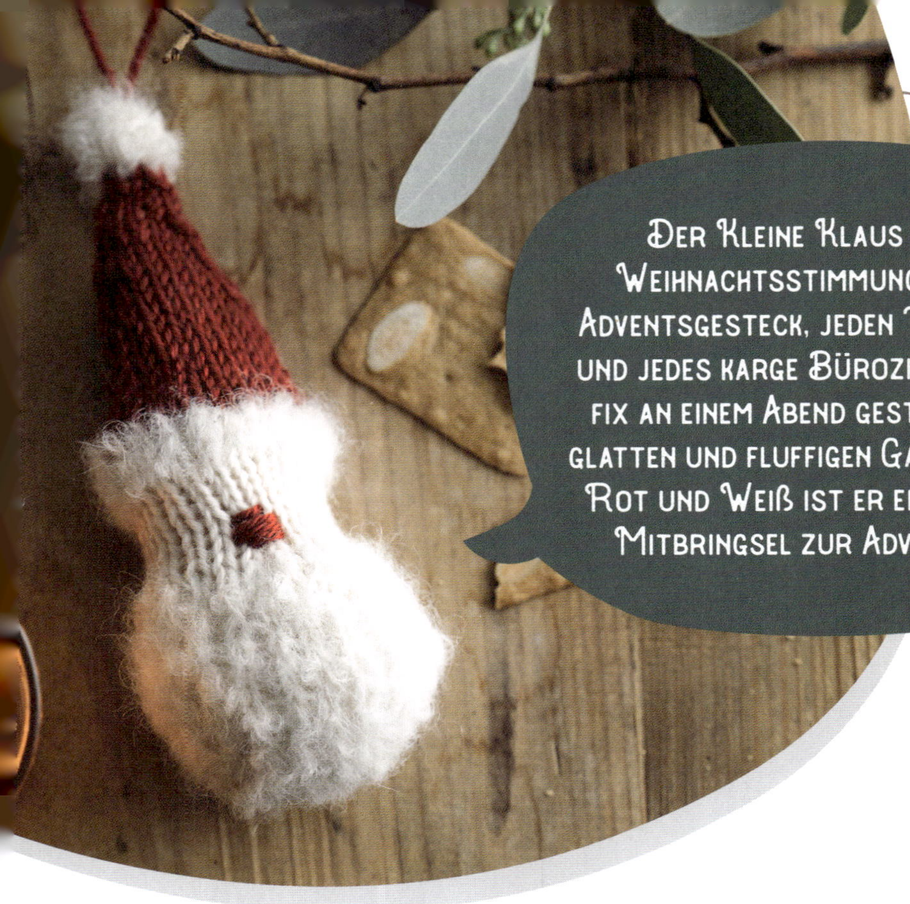

Der Kleine Klaus bringt Weihnachtsstimmung in jedes Adventsgesteck, jeden Tannenbaum und jedes karge Bürozimmer! Ganz fix an einem Abend gestrickt, aus glatten und fluffigen Garnresten in Rot und Weiß ist er ein hübsches Mitbringsel zur Adventszeit.

Kleiner Klaus

Material

- Kremke Soul Wool Alpaka Bouclé (89 % Alpaka, 11 % Polyamid, Lauflänge 250 m/50 g) in Naturweiß (Fb 01), 3 g
- Rosy Green Wool Cheeky Merino Joy (100 % Wolle, Lauflänge 320 m/100 g) in Rubin (Fb 50) und Edelweiß (Fb 65), je 3 g
- etwas Füllwolle oder Füllwatte
- Rundstricknadel 3,75–4,0 mm, 80 cm lang
- Stopfnadel zum Vernähen

Hinweis: Aus einem ganzen Strang Alpaka Bouclé und einem Strang Cheeky Merino Joy je Farbe lassen sich insgesamt ca. 16 Weihnachtsmänner stricken. Nimmt man einen zweiten Strang Alpaka Bouclé hinzu, sollten 32 Weihnachtsmänner herauskommen.

Maße

Höhe: ca. 15 cm
Durchmesser: ca. 7 cm

Maschenprobe

Für das Modell nicht relevant.

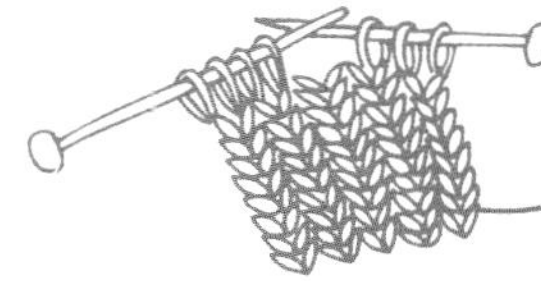

Anleitung

Bart

Die Alpakawolle zweifädig verwenden.
Mit einem beidseitigen Anschlag (Winding Cast-on, siehe Seite 110) auf beiden Nadelspitzen je 5 Maschen anschlagen.
Jetzt mit der Magic-Loop-Technik in der Runde weiterarbeiten (wie bei einer von der Spitze aus gestrickten Socke, siehe Seite 111).

Hinweis: Wer mit der Magic Loop-Technik nicht vertraut ist, kann auch ein Nadelspiel mit fünf Nadeln verwenden. Dann sind die Maschen von Nadel 1 bzw. Nadel 2 auf je zwei Nadelspielnadeln zu verteilen.

Runde 1: rechts stricken.
Runde 2:
Nadel 1: kfb, bis zur letzten Masche rechts, kfb.
Nadel 2: kfb, bis zur letzten Masche rechts, kfb.
Runden 1 und 2 noch zweimal wiederholen. Es befinden sich jetzt 11 Maschen auf jeder Nadel.
Jetzt 5 Runden glatt rechts arbeiten. Den Arbeitsfaden mit genügend Länge zum Vernähen durchtrennen und mit dem Gesicht fortfahren.

Gesicht

Mit Cheeky Merino Joy in Edelweiß weiterarbeiten. Das Garn wird einfädig verarbeitet.
10 Runden rechts stricken.
Den Arbeitsfaden mit genügend Länge zum Vernähen durchtrennen. Mit der Mütze fortfahren.

Mütze

Mit Alpaka Bouclé zweifädig weiterarbeiten.
3 Runden rechts stricken.
Den Arbeitsfaden mit genügend Länge zum Vernähen durchtrennen. Vor dem Weiterarbeiten die Fadenenden im Inneren unsichtbar vernähen.
Mit Cheeky Merino Joy in Rubin einfädig weiterarbeiten.
10 Runden rechts stricken, dann eine Abnahmerunde arbeiten.

Abnahmerunde
Nadel 1: ssk, bis zu den letzten 2 Maschen rechts, 2reZus.
Nadel 2: ssk, bis zu den letzten 2 Maschen rechts, 2reZus.
Dann immer im Wechsel 3 Runden rechts und eine Abnahmerunde stricken, bis noch jeweils 3 Maschen auf jeder Nadel verbleiben.
Den Arbeitsfaden mit 20 cm Länge abschneiden (daraus wird der Aufhänger). Bart, Kopf und Mütze mit der Füllwolle füllen.
Mit Alpaka Bouclé zweifädig 3 Runden rechts stricken, dabei den roten Faden in der Mitte heraushängen lassen. Die Maschen abketten. Den Arbeitsfaden großzügig durchtrennen und von außen so vernähen, dass das Mützenende bommelartig wirkt. Den roten Faden zur Schlaufe knoten und den Knoten im Bommel verstecken.
Am Schluss eine rote Nase im Plattstich aufsticken und die Fäden unsichtbar vernähen.

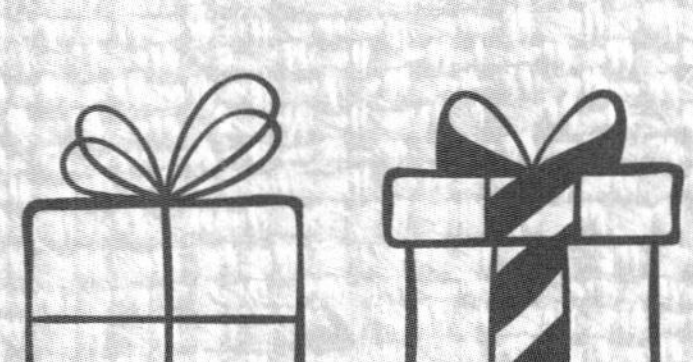

7

NEUE *Horizonte – vom Stricksessel aus*

WER STRICKT, kann dies überall tun: in der U-Bahn auf dem Weg zur Arbeit, im Strandkorb, am Lagerfeuer und sogar auf speziellen Strick-Kreuzfahrten, bei denen während der eher ereignislosen Tage auf See Strickkurse angeboten werden und es beim Landgang hauptsächlich darum geht, die besten Wollgeschäfte des Planeten kennenzulernen.

ABER ZUM STRICKEN muss niemand das Haus verlassen, ganz im Gegenteil: Ein bequemer Sessel, Garn, Nadeln und eine schöne Anleitung sind alles, was wir zu unserem Vergnügen brauchen. Vielleicht noch ein spannendes Hörbuch oder die neueste Serie, aber auch das ist nicht wirklich nötig. Manche schätzen gerade das Konzentrierte, Meditative am Stricken und suchen sich am liebsten komplizierte Anleitungen aus, damit das Gehirn auch wirklich nichts anderes tun kann, als sich aufs Stricken zu fokussieren. Sorgen haben in diesen Momenten keinen Platz mehr im Kopf, und gerade deshalb wirkt das Stricken dann so entspannend und entlastend.

Aber die Beschäftigung mit Stricken hilft nicht nur dabei, den Kopf ganz leer zu machen, es öffnet auch Türen zu Gedanken und Fähigkeiten, von denen wir nie gedacht hätten, dass wir sie haben oder lernen können.

STRICKEN WEITET DEN HORIZONT, auch wenn wir dabei unser warmes Plätzchen neben dem Adventskranz nicht verlassen. Und höchstens mal aufstehen, weil das Wollknäuel unter den Schrank gekullert ist oder wir uns noch eine Tasse Tee aufbrühen möchten. Bestes Beispiel dafür sind Strickanleitungen in anderen Sprachen: Es ist kein Problem, im Internet die passende Anleitung für das neue Lieblingsgarn zu finden – ein spektakulär buntes Tuch mit Wellen, Kringeln und Hebemaschen. Die Anleitung ist in Sekundenschnelle bezahlt und heruntergeladen, aber – oh Schreck! – nicht auf Deutsch, sondern auf Englisch verfasst. Denn die Designerin oder der Designer ist in Kanada, Irland oder Neuseeland zu Hause.

Und nun? Ja, es ist vielleicht erst mal unbequem, aber es gibt genügend Quellen im Internet, die die gängigsten Strickbegriffe übersetzen. Und nach ein paar Reihen stellen wir fest: Ach, geht doch. Auch deshalb, weil englischsprachige Strickanleitungen oft einleuchtender geschrieben sind. Etwas komplexer wird die Sache, wenn die Anleitung für das neue Traumtuch aus einem japanischen Strickmagazin kommt. Lochmuster lassen sich aber auch dann recht gut bewältigen: Eine Strickschrift zu entziffern, ist dank international sehr ähnlicher Symbole auch möglich, wenn die Anleitung in einer völlig fremden Sprache verfasst ist. Wobei wir schon beim nächsten Punkt wären: Strickschriften! Ja, es lohnt sich durchaus, sich damit mal zu beschäftigen. Weiter geht es mit verschiedenen Anschlägen, bunten Einstrickmustern, zweifarbigem Patent und kompliziert wirkenden Zöpfen.

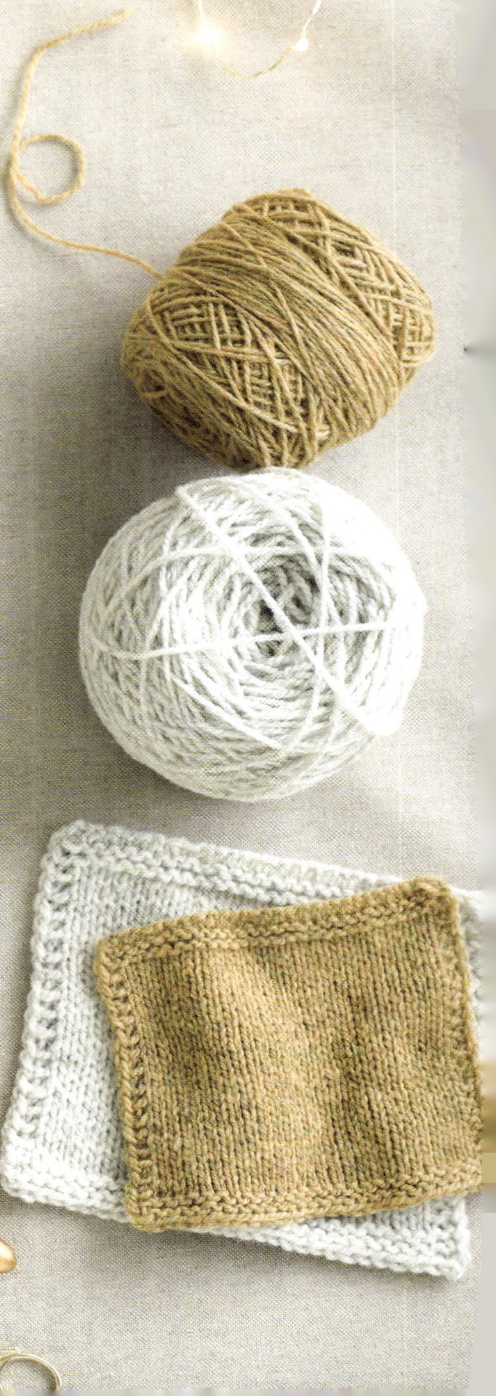

Die Erfahrung, etwas Neues zu lernen, dabei Fehler machen zu dürfen und am Ende doch ein schönes Ergebnis zu haben, stiftet Mut und Selbstbewusstsein. Nicht nur beim Stricken!

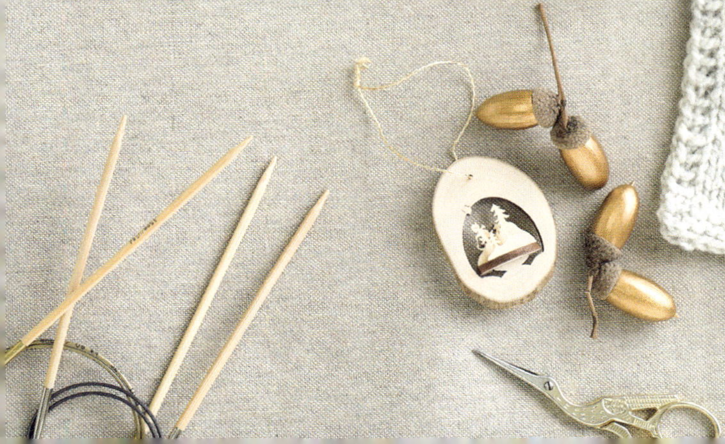

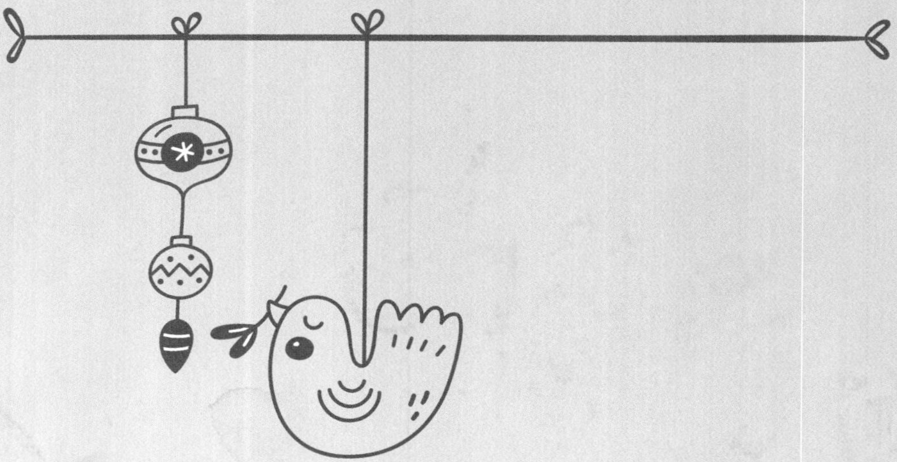

8

Gemeinsam stricken

Wer strickt, kann das prima ganz alleine tun: Anders als beim Schach- oder Handballspielen ist es überhaupt nicht nötig, dabei anderen Menschen zu begegnen. Wer strickt, bestimmt selbst über das verwendete Garn, Farben, Reihenfolge der Streifen und ob es sich lohnt, ein paar Reihen aufzuribbeln um diesen vergessenen Umschlag noch an der richtigen Stelle einzufügen. Stricken gibt darum ein Gefühl der Unabhängigkeit und Selbstbestimmung und ist damit gerade für Menschen, die sich viel um Kinder oder ältere Familienmitglieder kümmern müssen, ein schöner Ausgleich – für den Kopf, für die Seele.

Aber Stricken ist genauso schön und hilfreich in den Momenten, in denen wir uns nach Gemeinschaft sehnen. Denn je nachdem, wie viel Aufmerksamkeit das Tuch oder der Pulloverärmel gerade braucht, können wir beim Stricken auch noch ganz gut zuhören und oft sogar zusehen. Ein Hörbuch oder ein Podcast passt gut zum winterlichen Strickabend vor dem Ofen, und – wenn wir nicht gerade ein spektakuläres Lochmustertuch für die Hochzeit der Freundin auf der Nadel haben, bei dem die Strickschrift über mehrere DIN-A4-Seiten geht – auch eine Serie oder ein Film. Aber noch viel schöner wird das Strickerlebnis mit einer anderen Person, die auch etwas auf den Nadeln hat: Denn das Stricken schafft hier eine Verbindung, die ganz besonders ist. Erstens fühlen wir uns automatisch besser verstanden, wenn das Gegenüber uns in unserer Körperhaltung spiegelt, und das ist bei strickenden Händen sicher gegeben. Zweitens hören wir besser zu, nehmen das Gesagte leichter auf und haben bessere Einfälle, wenn die Hände zu tun haben. Ein Prinzip, das auch in Business-Seminaren zum Einsatz kommt, bei denen ein Haufen Legosteine auf dem Tisch die Hände beschäftigen, das Hirn anregen und Kreativität freisetzen sollen. Und drittens erleichtert das Stricken Gesprächspausen: Wenn sich alle auf Wolle und Nadeln konzentrieren, schweigt es sich besonders schön, ohne dass es sich unangenehm anfühlt. Die Gedanken arbeiten aber weiter. Und die anderen sind immer noch da, sie haben buchstäb-

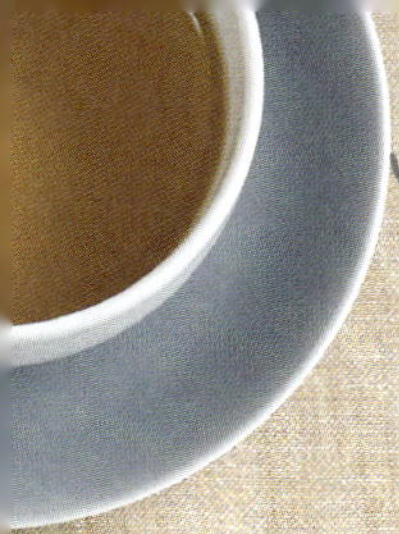

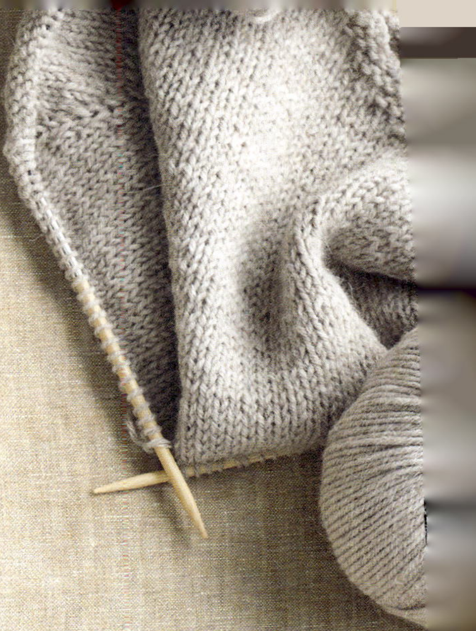

lich nichts Besseres zu tun, als dazusitzen, mit dem Strickzeug auf dem Schoß, und zuzuhören, wenn wir wieder etwas sagen möchten.

Vielleicht entsteht dabei ein Vertrauen, das es uns ermöglicht, noch offener zu sein, noch ehrlicher. Und auch über das zu sprechen, was uns sonst eher schwerfällt. Und genau das macht Freundschaften unter Menschen, die gerne stricken, vielleicht so besonders.

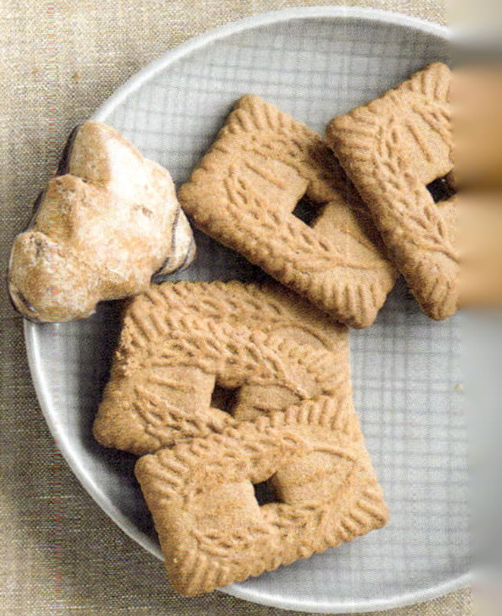

JETZT, in der dunklen Jahreszeit, tun solche Verbindungen besonders gut. Und es ist noch schöner als sonst, sie zu pflegen oder anzustoßen: Beim Adventsstricken gibt es Apfel-Zimt-Tee, jemand hat Vanillekipferl dabei oder Schoko-Lebkuchen, und die Kerzen auf dem Adventskranz flackern tapfer gegen die strickfreundliche Beleuchtung an. Und dabei stricken wir nicht nur an den Socken für Tante Rosi, sondern an etwas Warmem für die Seele.

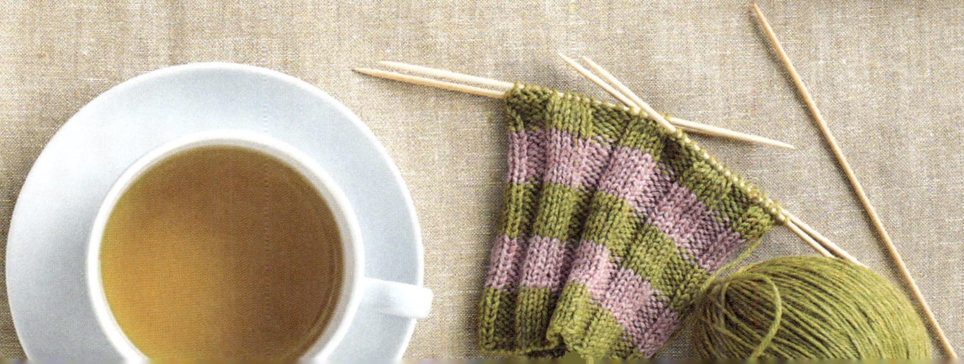

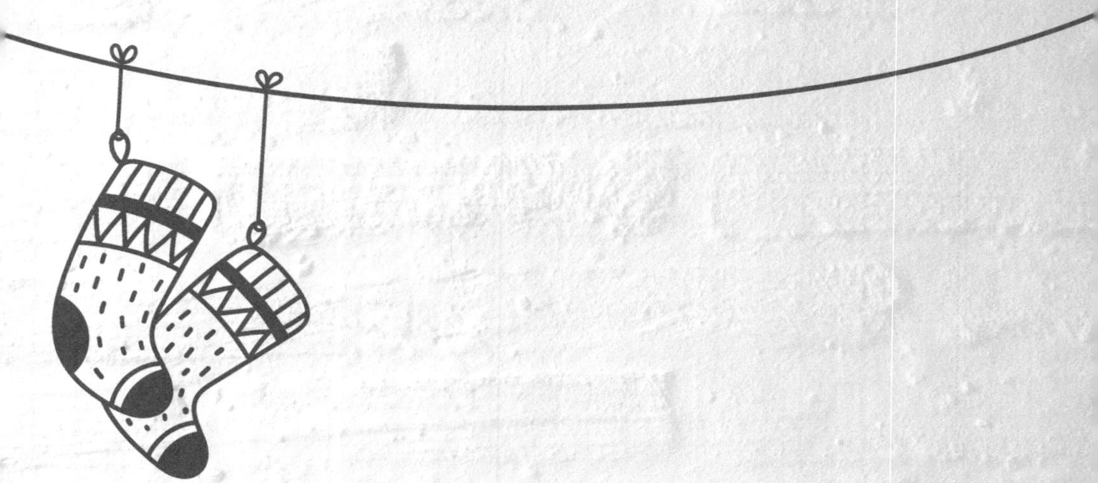

9

Von Wichteln und WEISEN

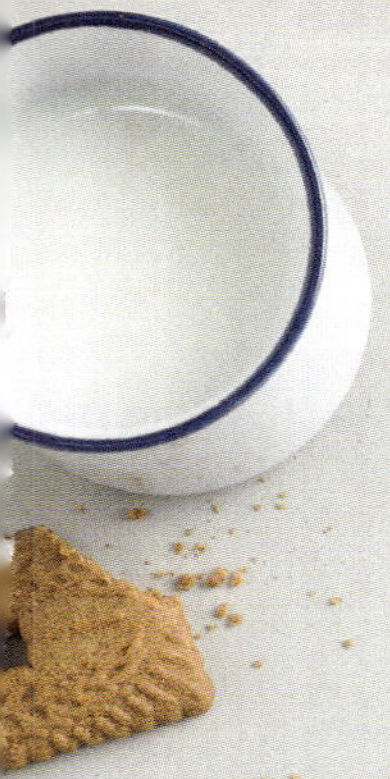

DER WEIHNACHTSMANN wohnt am Nordpol. Dort bekommt er jede Menge Briefe von Kindern, die sich etwas wünschen, hauptsächlich Spielzeug. Und dieses Spielzeug fertigt der Weihnachtsmann nicht etwa selbst an, nein: Er beschäftigt viele, wahrscheinlich sogar sehr viele Elfen und Wichtel, die das ganze Jahr über schnitzen, kleben, schrauben, montieren und vielleicht sogar stricken. Am Heiligabend ist er dann mit 0,5 Prozent der Lichtgeschwindigkeit – das haben Studierende der Physik an der University of Leicester ausgerechnet – unterwegs, um allen 715 Millionen Kindern, die weltweit an ihn glauben, Geschenke zu bringen. Ohne die übernatürlichen Rentiere, die seinen Schlitten ziehen, wäre das kaum möglich.

JETZT, IN DER ADVENTSZEIT, ist der Weihnachtsmann ein gutes Vorbild: Klar, er ist ein fleißiger Mann, er hat seinen Laden im Griff. Aber er glaubt nicht, dass er alles alleine kann, ganz im Gegenteil. Er hat jede Menge Unterstützung: Wenn ein Rentier lahmt, fragt er die Tierpflege-Wichtelin, was zu tun sei. Wenn die Geschenke nicht alle auf seinen Schlitten passen, bittet er die Elfen-Pack-Crew um Hilfe. Und wenn er während seiner Tour am Heiligabend Hunger bekommt, nimmt er gern die für ihn auf dem Kaminsims bereitgestellten Kekse und ein Glas Milch an.

UND WAS DER WEIHNACHTSMANN KANN, das können wir auch, wenn wir beim Stricken an unsere Grenzen stoßen. Wenn in einer Anleitung plötzlich ein italienischer Anschlag gefragt ist, das Lochmuster nicht aufgeht oder der mühsam gestrickte Pullover sich einfach nicht zusammennähen lässt – dann ist es Zeit, die Wichtel zu aktivieren. Dafür gibt es einige Möglichkeiten: zunächst mal die unendlichen Weiten des Internet. Die Wahrscheinlichkeit ist groß, dass es irgendwo da draußen ein kleines Video gibt, das die gesuchte Technik anschaulich macht. Und sich zum Glück sehr, sehr geduldig immer wieder zurückspulen und von

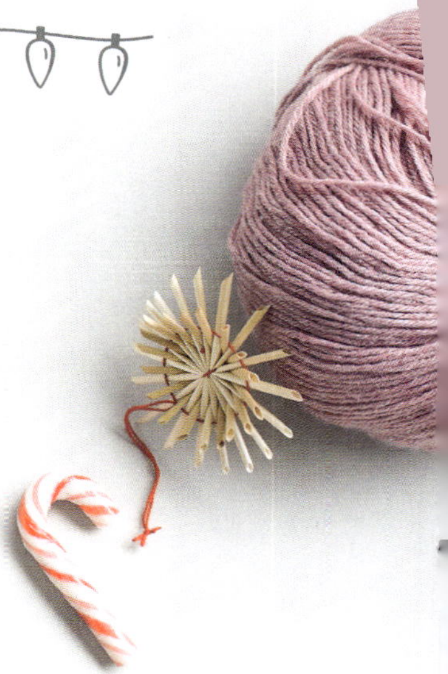

vorn anschauen lässt, so lange, bis der Anschlag sitzt, die überzogene Masche aussieht, wie sie soll und das elastische Abketten genau so funktioniert, wie wir es uns vorgestellt haben.

DOCH MANCHMAL IST DAS NICHT DIE LÖSUNG: Vielleicht ist unser Problem zu speziell. Weil genau bei dieser einen Anleitung, an dieser einen Stelle etwas unklar ist. Dann können wir eine Person fragen, die genau diese Anleitung schon mal gestrickt hat – entweder beim nächsten Stricktreff oder, falls das nicht von Erfolg gekrönt ist, auch wieder im Internet. Eine weitere Möglichkeit ist, die Person zu kontaktieren, die sich die Strickanleitung ausgedacht hat: Um welche Anleitung geht es? Wo genau liegt das Problem? Je genauer die Frage (und je netter die Nachricht), desto einfacher und schneller kommt die Antwort. Und ja, für manche von uns kostet das Überwindung: sich einzugestehen, dass wir nicht alles alleine können. Dass wir manchmal Unterstützung und Hilfe brauchen. Dass andere vieles besser wissen und können als wir selbst – und dass das völlig okay ist. Nicht nur beim Stricken.

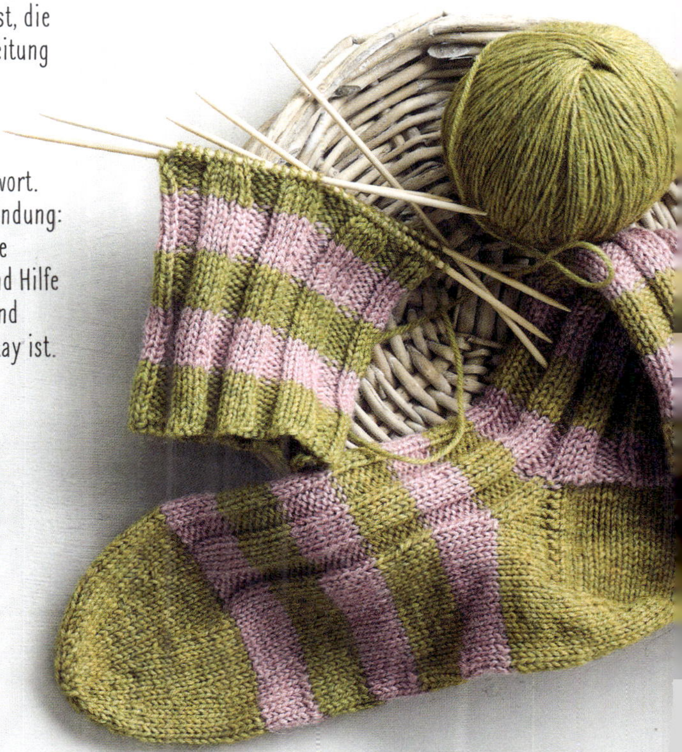

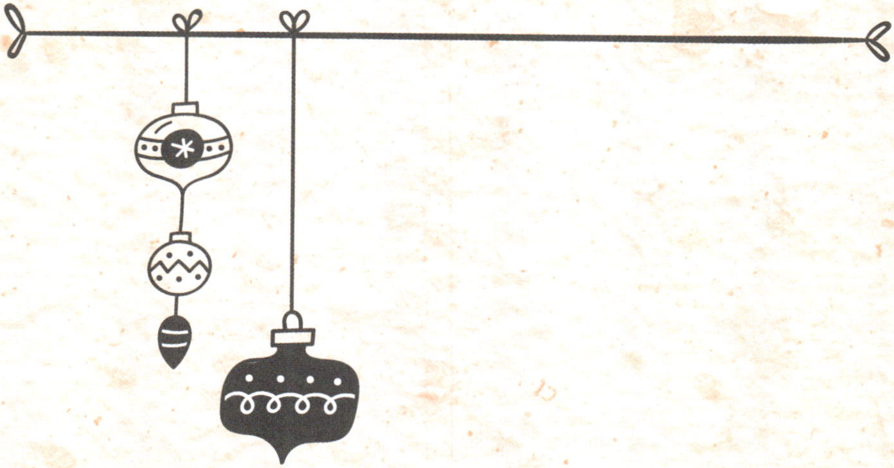

18

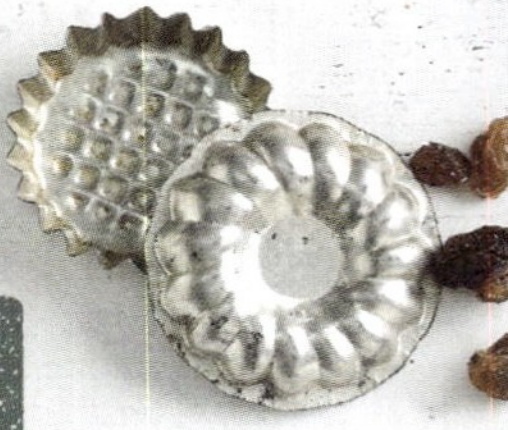

Ein RAUM fürs Stricken

BETRACHTEN WIR mal zur Abwechslung einen speziellen Raum im Haus: die Küche. Besonders jetzt in der Vorweihnachtszeit finden dort fast schon magische Dinge statt: Butter, Mehl und Zucker verwandeln sich unter unseren Händen zu süßen Köstlichkeiten, schlichte Äpfel werden mithilfe von Zimt und Nüssen im Ofen zu duftenden Bratäpfeln und auf dem Herd steht ein Topf mit leckerem Glühwein für den gemütlichen Abend. Hier wird gewerkelt, hier ist der Platz dafür und hier finden sich selbstverständlich auch Schränke und darin Kartons, Tüten und Behälter mit allen Zutaten auf Vorrat.

25 VERSCHIEDENE GEWÜRZE in ordentlich beschrifteten Gläsern – darunter auch solche, die höchstens zwei-, dreimal im Jahr zum Einsatz kommen: Lebkuchengewürz, Galgant, Sternanis. Marzipanrohmasse, noch mindestens ein Jahr haltbar, und wir wissen natürlich noch nicht genau, wofür wir sie brauchen werden. Vielleicht für die Dattel-Pralinenschiffchen, die meine Mutter früher immer zu Weihnachten an die Verwandtschaft verschenkte? Oder mache ich Bethmännchen daraus? Ich weiß es noch nicht. Macht mir das ein schlechtes Gewissen? Natürlich nicht.

UND DAMIT WÄREN WIR AUCH SCHON WIEDER BEIM THEMA Garn und Stricken: Genau wie fürs Kochen und Backen ist es völlig normal, einen Vorrat zu halten, der ganz nach unserem individuellen Bedarf größer oder kleiner ausfallen kann. Für manche Menschen ist es das Schönste, sich zu überlegen, was es heute zu essen geben soll, und dann loszulaufen, um auf dem Markt oder im Laden alles passgenau zusammenzusuchen. Andere haben gerne eine Auswahl an Dingen einfach so zu Hause, um bei spontanen Einfällen oder plötzlichem Appetit sofort loskochen zu können.

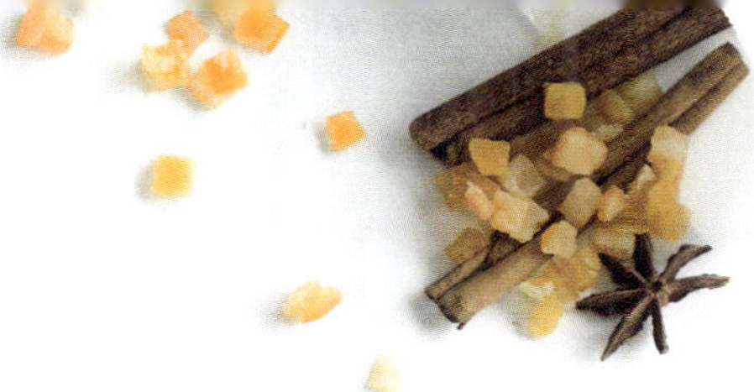

UND GENAU SO ist es auch beim Stricken: Ich mag meinen Garnschrank, der fast eine ganze Wand in meinem Zimmer einnimmt. Ich habe ihn gebraucht erstanden, er war keine Schönheit, braun und unscheinbar. Ich habe ihn mit einer Spezialfarbe, die das Holz durchscheinen lässt, weiß angepinselt. Und jetzt beherbergt er all meine Schätze: das eine Knäuel Kaschmirgarn, das ich im Urlaub an der Nordsee gekauft habe, mein Lieblings-Biogarn in limitierten Farben, die es jetzt nicht mehr zu kaufen gibt, selbstmusterndes Sockengarn von knallbunt bis dezent. An einer Wand hängt ein transparenter Duschvorhang, der lauter Taschen hat, in die jeweils eine Postkarte reinpasst, der sich aber auch hervorragend für Stricknadeln, Maßbänder und andere Kleinigkeiten eignet, die ich gerne zum Stricken benutze.

UND ES STEHT EIN GEMÜTLICHER SESSEL DAVOR, daneben eine richtig helle Lampe. Hier verwandele ich Garne auf magische Weise in hübsche, warme Kleinigkeiten, die – genau wie die Weihnachtsplätzchen, nur dauerhafter – gute Stimmung erzeugen, für mich selbst und andere.

WARUM ALSO sollte ich ein schlechtes Gewissen haben, wenn mein Garnvorrat einen ganzen Schrank einnimmt? Ich tue hier etwas, mit dem ich gerne Zeit verbringe, ich tue etwas für mich. Und das darf gerne Raum einnehmen – in meinem Leben und in meiner Wohnung.

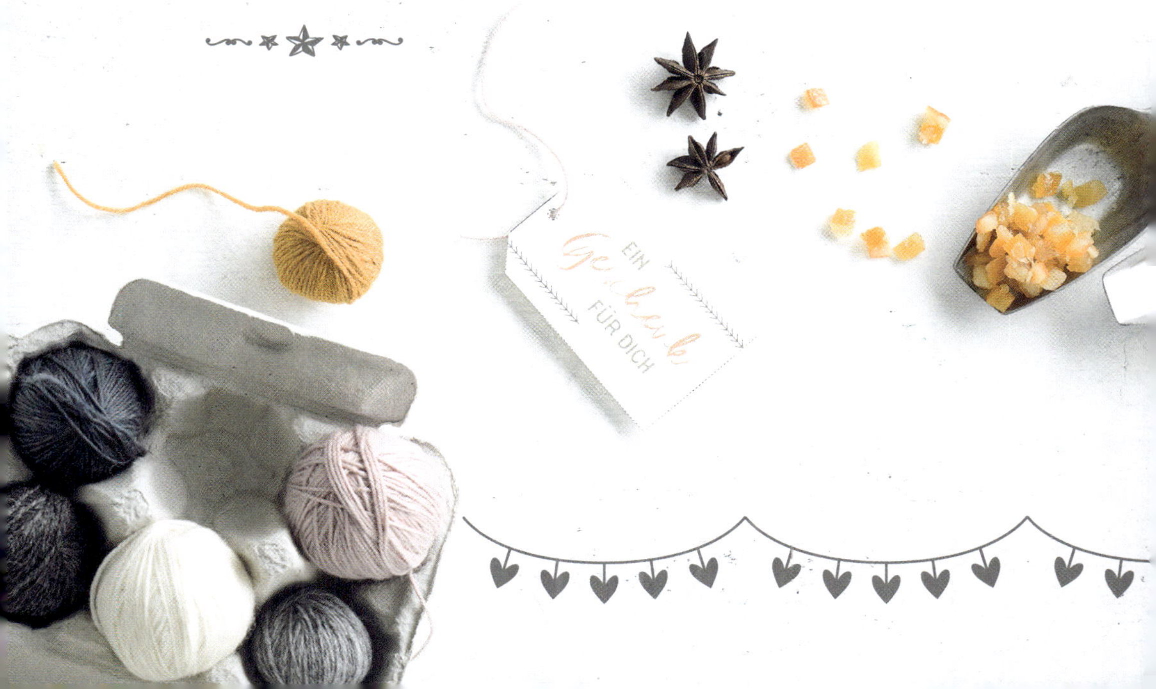

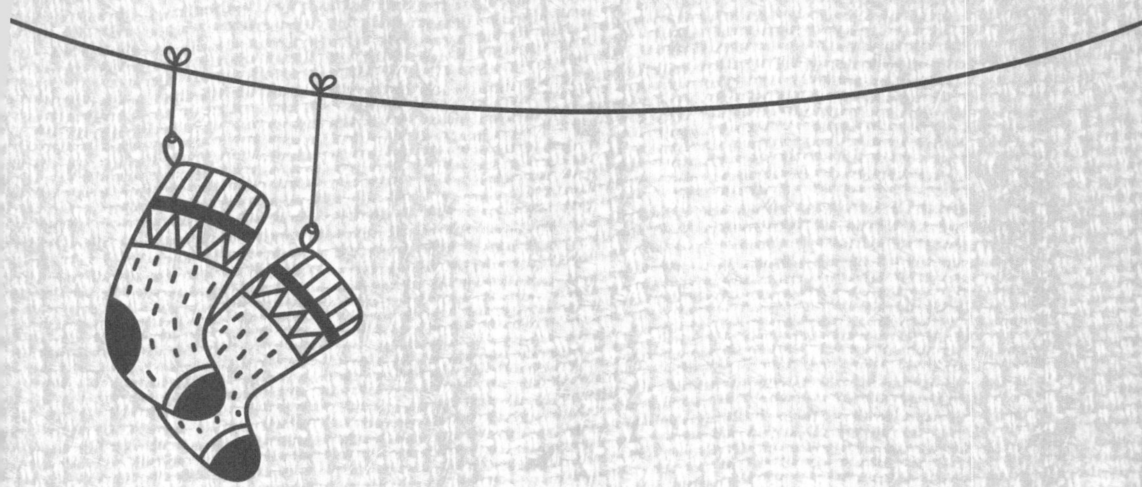

19

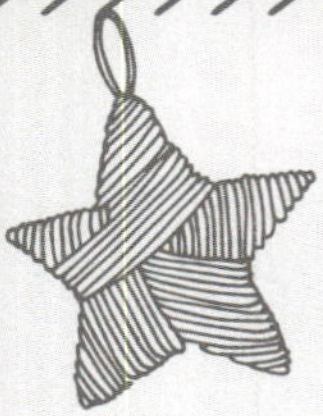

Masche für Masche

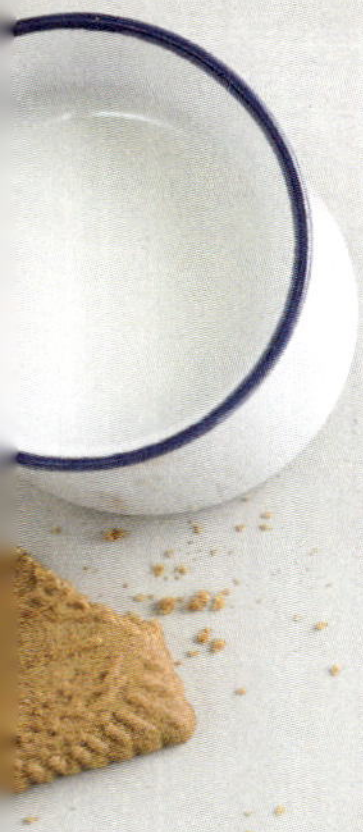

Im Winter, wenn draußen die Schneeflocken tanzen oder auch nur das übliche Niesel-Matsch-wetter herrscht, ist es in unserem Haus auch drinnen kühl. Hundert Jahre alte, dicke Backsteinwände schaffen ein frisches Klima. Im Sommer ist das großartig, denn es wird bei uns nie unangenehm heiß. Im Winter aber sitze ich oft in meinem Büro und friere an Händen und Füßen. Ich wäre keine Strickerin, könnte ich nicht Abhilfe schaffen: kleine fingerlose Handschuhe wärmen meine Handrücken, lassen mir aber die Freiheit, mit Maus und Tastatur zu hantieren. Und an den Füßen sitzen – an guten Tagen – handgestrickte Socken. Leider besitze ich längst nicht so viele Exemplare, wie ich gerne hätte. Ich weiß, dass sich viele darauf spezialisiert haben, Socken und fast nichts anderes zu stricken. Ich tue das gerne zwischendurch, als einfaches Projekt, über das ich nicht nachdenken muss. Aber ich stricke eigentlich lieber etwas anderes.

In den letzten Tagen und Wochen kam es öfter vor, dass ich morgens in meiner Sockenschublade nur noch dünne, gekaufte Socken fand. Zwar auch aus Wolle, aber längst nicht so warm wie die dicken Ski-Kniestrümpfe, die ich auch gerne im Büro trage, oder aber meine handgestrickten Socken. Ich hätte jetzt einfach auf der Webseite meines Lieblings-Skistrumpfherstellers 2-3 neue Paare ordern können. Aber der Gedanke kam mir erst mal gar nicht. Stattdessen holte ich ein angefangenes Paar, das schon ewig in einem Projektbeutel im Regal lag, hervor. Ich musste es schnellstens zu Ende stricken, es war ein Kalte-Füße-Notfall. Und so saß ich gestern einen Adventssonntag lang an den letzten Runden eines Sockenbeins (ich fange meine Socken immer an den Zehen an) und mehrere Stunden und „Queer Eye"-Folgen später war das Paar fertig. Ich bin sehr glücklich darüber, denn sie sind pink-grün geringelt, passen perfekt und sind bestimmt superwarm.

NATÜRLICH HÄTTE ES MICH WENIGER ZEIT GEKOSTET, mir einfach fertige Socken zu kaufen. Und für vieles, was ich stricke, könnte ich leicht einen Ersatz finden, den ich nur in meinen Einkaufskorb legen müsste: bunte Wollstolen, warme Pullover und Mützen, Handschuhe und Kissenbezüge. Warum sich stundenlang hinsetzen, um etwas selbst herzustellen, das wir überall kaufen können?

GANZ EINFACH: Beim Stricken ist die fertige Socke nur die Kirsche auf dem Sahnehäubchen. Der Genuss besteht darin, Zeit mit etwas zu verbringen, das wir lieben: buntes, weiches Garn. Und zu beobachten, wie wir etwas Neues erschaffen, bei dem wir selbst entschieden haben, wie es aussehen und passen soll, welche Farbe und welche Fersenform. Die Zeit, die ich mit meinem Paar Socken verbracht habe, war ein Geschenk für mich, denn währenddessen habe ich weder mit kalten Händen am Computer gesessen noch das Bad geputzt. Es war, in mehrfacher Hinsicht, Zeit, in der ich mir selbst etwas Gutes getan habe.

STRICKEN IST EINE LANGSAME KUNST, es geht Masche für Masche voran. Stricken braucht Zeit und sie ist gut investiert – in uns selbst.

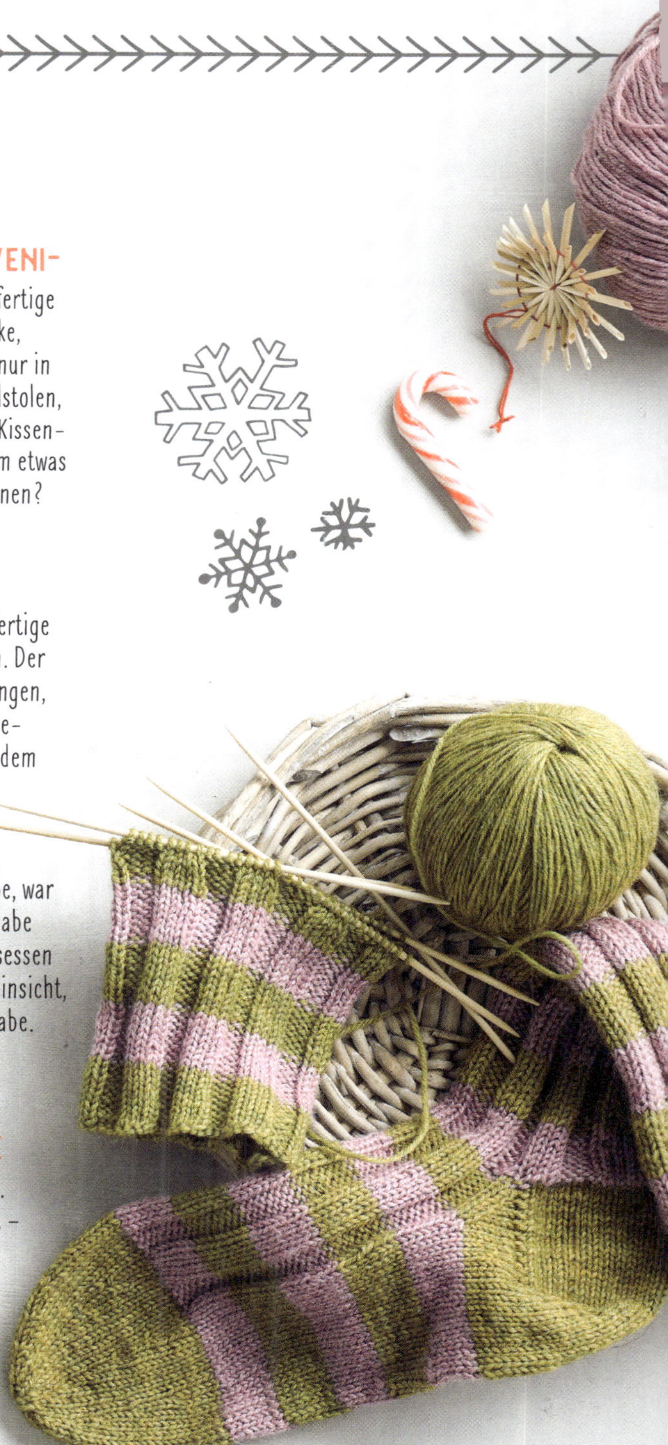

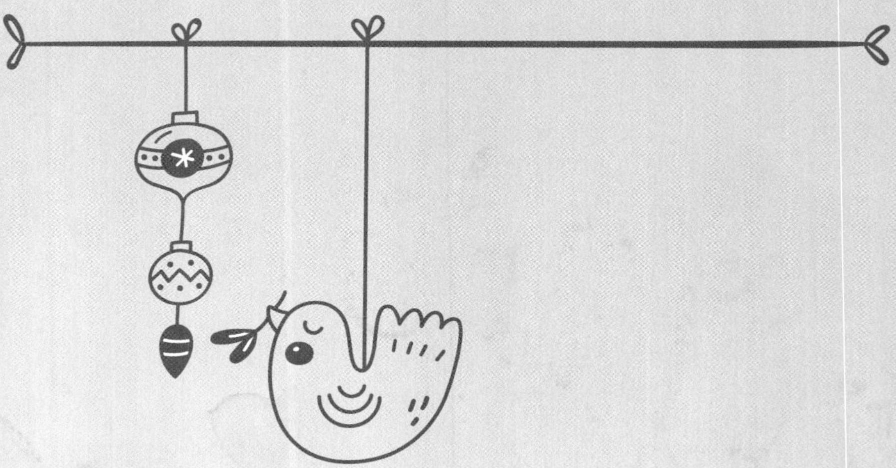

20

Stricken als Pflicht – DAS war einmal!

ICH HABE, WIE SO VIELE, das Stricken von meiner Großmutter gelernt. An einem dunklen Dezembernachmittag saßen wir in ihrem Wohnzimmer auf ihren dunkelgrün bezogenen Sofas mit einem Korb Wollresten vor uns und einer hübschen Pappschachtel mit Stricknadeln. Sie schlug für mich ein paar Maschen an und ich durfte weitermachen: Reihe um Reihe wuchs das kleine Stück. Es sah krumm und schief aus, aber Oma griff regelmäßig ein. Sie hob fallen gelassene Maschen wieder auf die Nadel und schaffte es außerdem, die krummen Ränder zu begradigen – im Nachhinein kann ich mir kaum erklären, wie sie das gemacht hat. Am Ende des Nachmittags hatten wir gemeinsam einen kleinen hellblauen Schal gestrickt, den ich meiner Puppe zu Weihnachten schenkte. Wenig später versuchte ich mich an Socken und mit 12 strickte ich meinen ersten Pullover.

MEINE OMA konnte meisterlich stricken: Für ihren Schwiegersohn fertigte sie einen hellgrauen Zopfpullover, den er seit mehr als 40 Jahren trägt. Aber meistens strickte sie Socken, auf die klassische Weise: Rippenbündchen, Käppchenferse, Sternspitze, alles mit Nadelspiel. Irgendwann mochte sie nur noch mit hellem Garn stricken und dann hörte sie komplett damit auf. Nicht etwa, weil ihre Augen zu schlecht oder ihre Hände zittrig waren – nein.

DER GRUND WAR EIN ANDERER: Oma hatte sich emanzipiert. Sie hatte sich frei gemacht von dem, was noch während ihrer Kindheit und Jugend von Frauen erwartet wurde: die ganze Familie rundum zu versorgen. Mit Essen, sauberer Wäsche, einem geputzten Haus und warmen Socken. Es war nicht einfach für Oma, denn sie war mit der

Legende von Tante Lisbeth aufgewachsen, die so viele Socken und Kniestrümpfe gestrickt hatte, dass sie ihrem Mann und den Nachfahren bei ihrem Tod eine ganze Truhe voll hinterlassen konnte. Eine Heldinnentat, der meine Oma vielleicht unbewusst nacheifern wollte. Aber irgendwann stellte sie fest, dass sie lieber kunstvolle Tischdecken mit Lochmustern sticken wollte. Und das tat sie dann. Es war auch ungefähr um diese Zeit, dass sie den Mann, mit dem sie zusammenlebte, rauswarf. Sie hatte keine Lust mehr, ihn zu bekochen und seine Wäsche zu waschen. Die gewonnene freie Zeit nützte sie, um zu sticken und dabei Dokumentationen im Fernsehen zu schauen. Ich glaube, sie hatte eine sehr gute Zeit.

Niemand erwartet heute mehr, dass wir andere Menschen mit Socken, Schals oder Mützen ausstatten. Stricken ist ein Hobby, wir tun es gern – eben weil wir es nicht müssen, sondern wollen. Und trotzdem wirkt das Bild des Strickens als Teil der Hausarbeit, des Versorgens, in den Köpfen vieler Menschen noch nach. Besonders bei denen, die nicht stricken mögen oder können: Da kommt dann gerne mal ein überheblicher Spruch, ein Sich-Abgrenzen gegen den angeblich so wenig feministischen Umgang mit Nadeln und Garn. Und ja, das tut mir als leidenschaftlicher Strickerin ein bisschen weh. Aber dann denke ich an meine Oma, die mit den Handarbeiten, auf die sie Lust hatte, bis ins hohe Alter glücklich war, lächle still vor mich hin und stricke weiter.

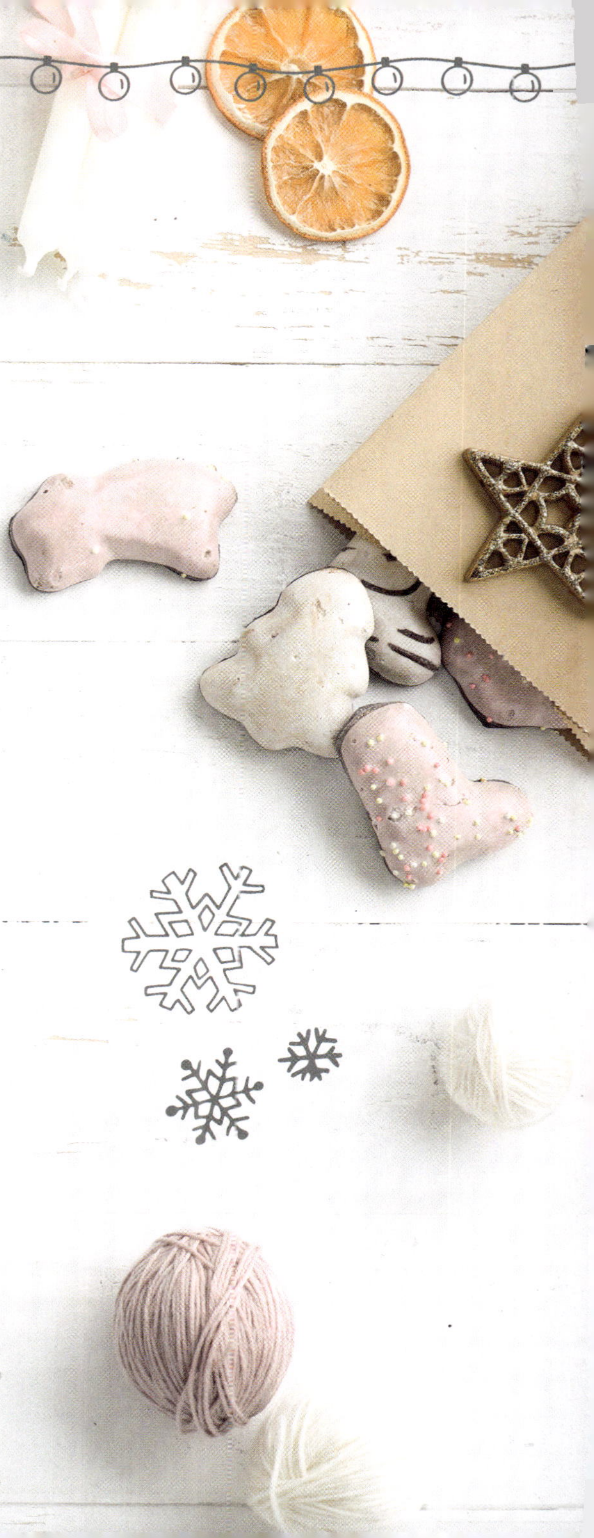

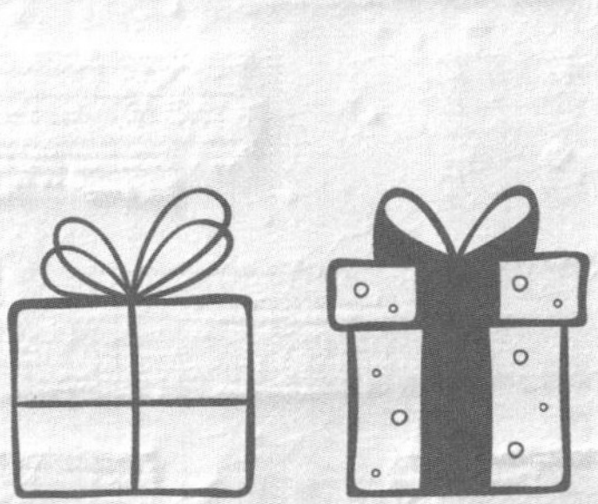

10

Fallen lassen

Da, schon wieder: in meinem Meer aus glatt rechtem Gestrick aus einem sehr feinen Garn, tausende von Maschen, in der Runde gestrickt, fehlt eine. Ich muss sie vor etwa zwanzig Runden fallen gelassen haben. Und da sitzt sie nun, weit unten in meinem neuen Tuch, eine kleine, offene Schlaufe, mittendrin. Wenn sie noch weiter runterribbelt, womöglich bis zum Anschlag, wäre das sehr unschön. In dem feinen, fast durchsichtigen Tuch könnte man es sofort sehen. Aber nach genauem Hinsehen, etwas Dehnen und Ziehen wird bald klar: Diese Masche wird bleiben, wo sie ist. Keine Gefahr des Weiterribbelns. Und ja, wenn ich das Tuch vor mir ausbreite, ist es zu sehen. Aber später beim Tragen? Wenn es sowieso mehrmals übereinandergefaltet liegt? Hm. Ich habe jetzt genau drei Möglichkeiten, mit diesem Fehler umzugehen.

Erstens: ignorieren. Ich könnte so tun, als hätte ich den Fehler nicht bemerkt, einfach weiter in der Runde stricken und irgendwann abketten. Vielleicht diese einzelne, fallen gelassene Masche sicherheitshalber noch irgendwie befestigen, damit sie auch wirklich, wirklich nicht weiter fällt. Und mit dem Wissen leben, dass mein neues Tuch diesen einen Fehler nun mal hat. Niemand ist perfekt.

Zweitens: den Fehler beheben, aber auf die weniger umständliche Art. Ich könnte die fallen gelassene Masche hochhäkeln und dafür die Querfäden der Maschen darüber nutzen, die natürlich eigentlich viel zu kurz sind, um daraus Maschen der üblichen Größe zu erzeugen. Das Ergebnis wäre ein Streifen in meinem feinen Tuch, in dem drei engere Maschen nebeneinanderliegen. Deutlich zu sehen im Gegenlicht, aber wahrscheinlich gleicht sich das Ganze mit der ersten Wäsche etwas aus.

Drittens: Ich ribbele all die Runden, die ich nach dem Fallenlassen bereits gestrickt habe, wieder auf, nehme die fallen gelassene Masche auf und stricke von dort aus neu. Dies wäre die konsequenteste Methode: Wenn alles gut geht und ich beim Wiederaufnehmen der Maschen keine übersehe, hätte ich am Ende ein perfektes Ergebnis, völlig fehlerfrei. Aber nur, wenn es mir wirklich gelingt, mehrere hundert

Maschen aus sehr feinem Garn unfallfrei wieder auf die Nadeln zu bekommen. Und wie wahrscheinlich ist das?

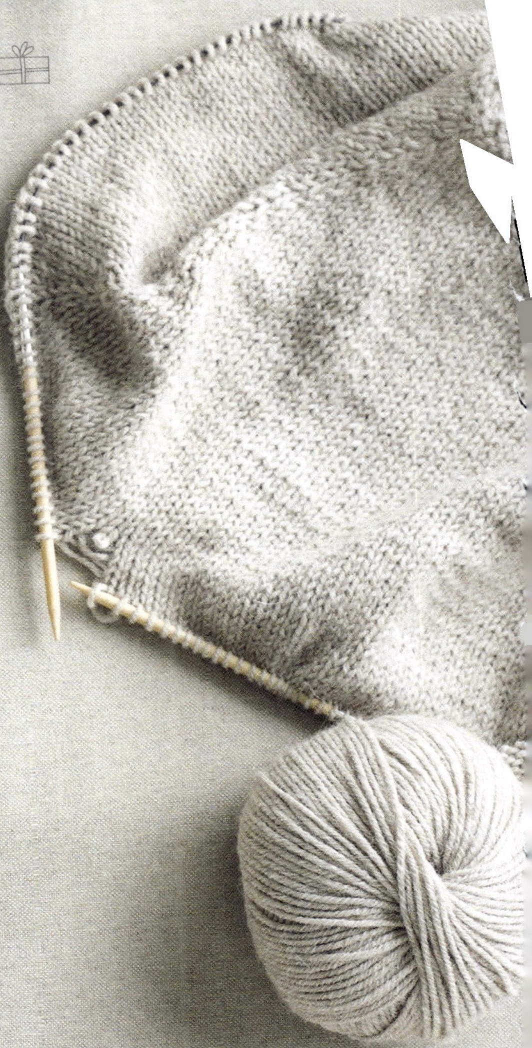

ICH ENTSCHEIDE MICH FÜR MÖGLICHKEIT ZWEI: den Fehler beheben, auch wenn das Ergebnis vielleicht nicht perfekt wird. Ein Kompromiss, aber ein guter. Doch bei vielen anderen Strickprojekten – insbesondere bei Kleidungsstücken, bei denen es auf die Passform ankommt – funktionieren Kompromisse nicht. Wenn abzusehen ist, dass der Pulli, der auf Figur sitzen soll, in der Taille unvorteilhaft absteht, ribbele ich bis zur entscheidenden Stelle auf oder fange ganz neu an. Das kann sehr schmerzhaft sein, denn all die Stunden, die ich daran gestrickt habe, waren ja umsonst. Aber Fehler zu machen, gehört zum Stricken dazu – genau wie zum restlichen Leben. Sie sich einzugestehen, dafür Verantwortung zu übernehmen und die Konsequenzen zu tragen – auch das. Im Zweifelsfall springen ein paar Stunden Strickzeit mehr dabei heraus!

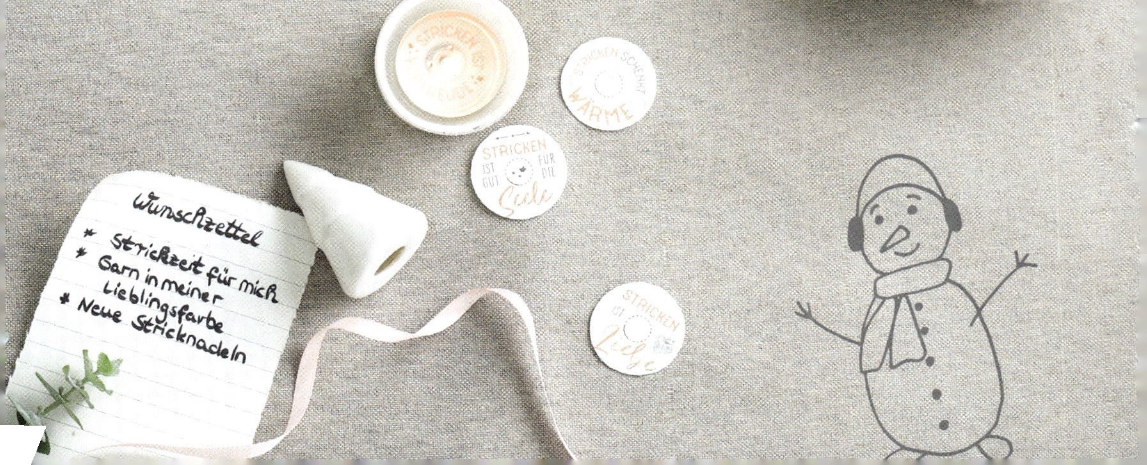

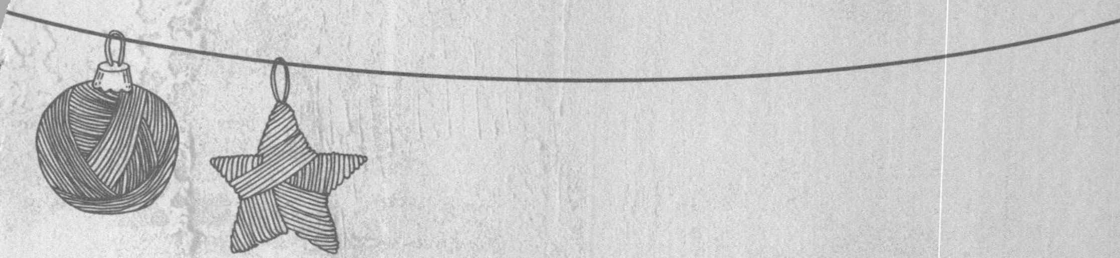

11

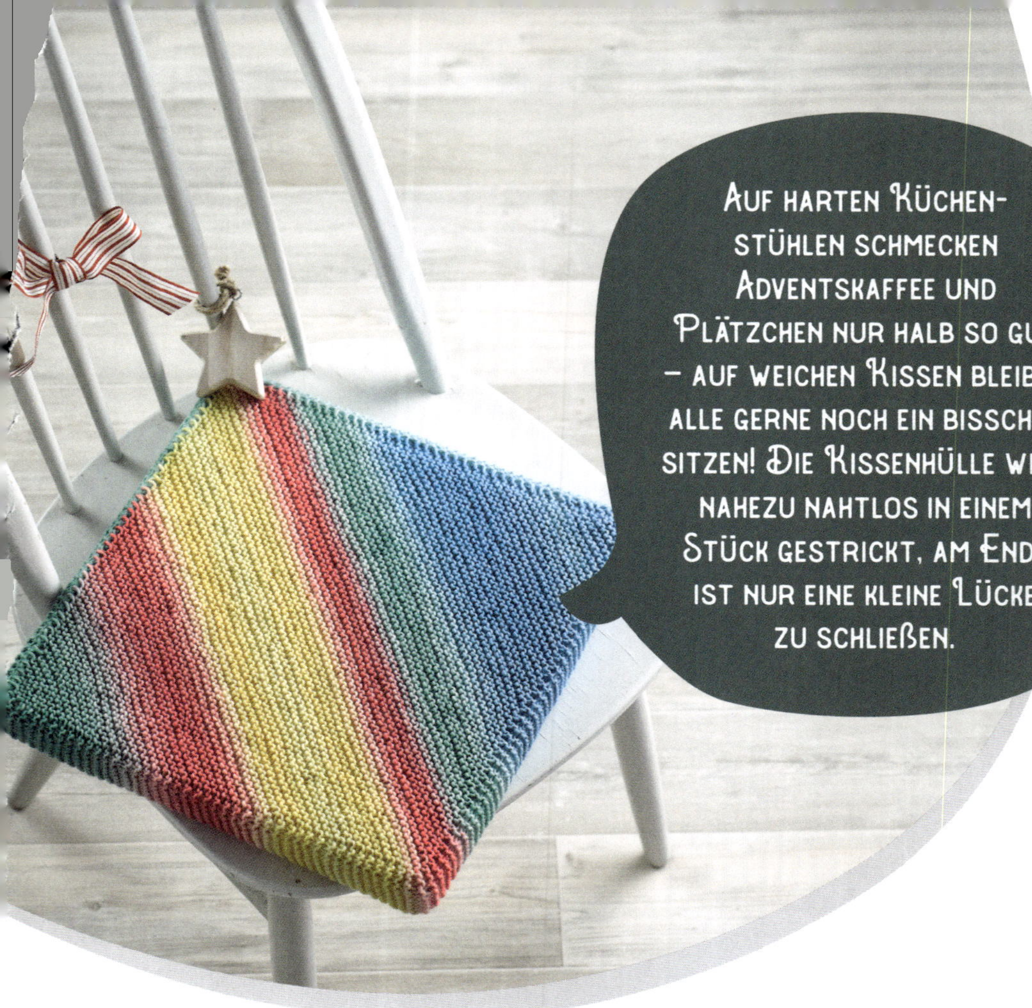

Auf harten Küchenstühlen schmecken Adventskaffee und Plätzchen nur halb so gut – auf weichen Kissen bleiben alle gerne noch ein bisschen sitzen! Die Kissenhülle wird nahezu nahtlos in einem Stück gestrickt, am Ende ist nur eine kleine Lücke zu schließen.

Sitzenbleiber

Material

- Schoppel Gradient (100 % Schurwolle, Lauflänge 260 m/100 g) in Streiflichter (Fb 2357), 200 g
- Rundstricknadel 4,0 mm
- 2 Nadelspielnadeln 4,0 mm
- 2 Maschenmarkierer
- Stopfnadel
- Schaumstoffkissen, quadratisch, Höhe 3 cm, Seitenlänge 34 cm oder mehr

Maße

34 cm x 34 cm x 3 cm
An jedes andere quadratische Kissen mit 3 cm Höhe anpassbar (siehe Anleitung)

Maschenprobe

Kraus rechts mit Nadel 4,0 mm:
19 Maschen und 38 Reihen = 10 cm x 10 cm

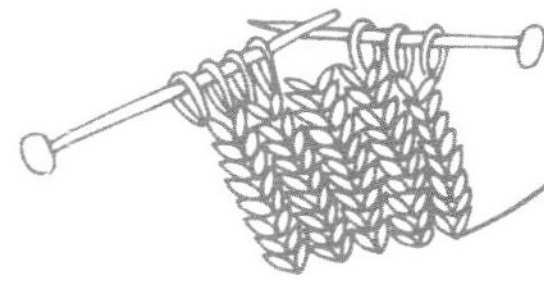

Anleitung

Hinweis: Die Schemazeichnung auf Seite 118 beachten.

9 Maschen mit der Rundstricknadel anschlagen.

Anfangsreihe

kfb, MM setzen, 7 rechts, MM setzen, m1, 1 rechts (= 11 Maschen).
Mit Teil I fortfahren.

Teil I

Reihe: kfb, bis zum MM rechts, MMg, 7 rechts, MMg, m1, bis zum Ende rechts.
Die Reihe wiederholen, bis die Mittelachse des entstehenden Dreiecks eine Kante des Schaumstoffpolsters leicht (!) gedehnt bedeckt.
Mit Teil II fortfahren.

Teil II

Reihen 1 und 2: bis 2 Maschen vor dem MM rechts, 2reZus, MMg, 7 rechts, MMg, bis zur letzten Masche rechts, w&w.
Reihe 3: bis 2 vor dem MM rechts, 2reZus, MMg, 5 rechts, MMg, bis 1 Masche vor der zuletzt umwickelten Masche rechts, w&w.
Reihe 3 so oft wiederholen, bis sich jeweils nur noch eine nicht umwickelte Masche außen neben den MM befindet. (Im Beispiel wurde die Reihe 50-mal gestrickt.)
Mit Teil III fortfahren.

Teil III

Reihe: 1 Masche wie zum Linksstricken abheben, MMg, 7 rechts, MMg, 1 Masche abheben,
die Umwicklung der nächsten Masche auf die linke Nadel setzen, dann die abgehobene Masche, die Umwicklung und die nächste Masche (= 3 Schlaufen) rechts zusammenstricken, Arbeit wenden.
Die Reihe so oft wiederholen, bis keine umwickelten Maschen mehr vorhanden sind. In der letzten Reihe die MM entfernen.
Mit Teil IV fortfahren.

Teil IV

Hier wird das Polster eingesetzt und die verbleibende Öffnung geschlossen.
Zu den zwei Nadelspielnadeln wechseln.
Das Schaumstoffpolster einsetzen. Mit den Nadelspielnadeln auf jeder Seite der Öffnung je 4–5 Maschen aufnehmen. Dafür jeweils in eines der Knötchen am Rand einstechen. Jetzt mit den verbliebenen 9 Maschen wie folgt fortfahren:
Reihe: 1 Masche wie zum Linksstricken abheben, 7 rechts, 2reZus, Arbeit wenden.
Dadurch wird jeweils eine Masche von der Öffnung mit einer Masche der Umrandung zusammengestrickt.
Die Reihe wiederholen, bis die Öffnung geschlossen ist. Dabei alle paar Reihen neue Maschen von den Rändern aufnehmen. Die verbliebenen Maschen locker abketten und das Fadenende nutzen, um die Lücke zusammenzunähen.

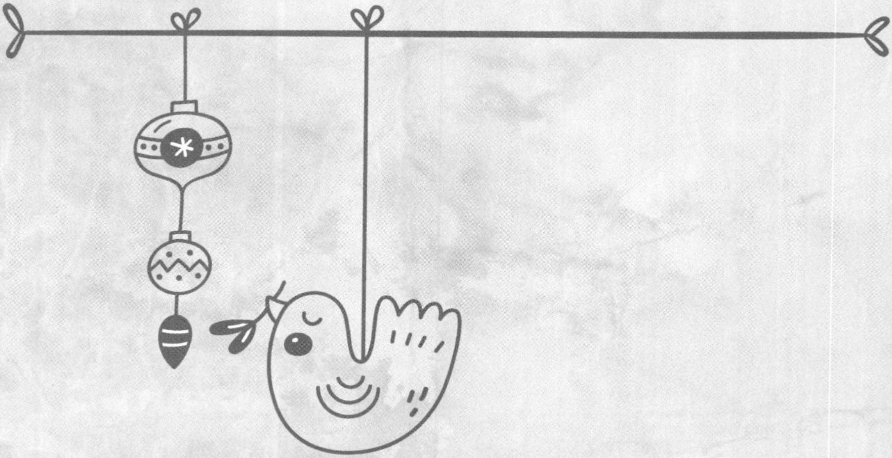

12

Nicht schon wieder Socken, BITTE!

Mein Sohn, mitten im Teenageralter, hat sich zu Weihnachten eine warme Mütze gewünscht, damit er morgens, wenn er im Winter auf den Schulbus wartet, keine kalten Ohren bekommt. Er hatte keine Wünsche, was Material, Form oder Farbe angeht. Völlig flexibel. Sollte vielleicht zu seiner neuen dunkelgrünen Jacke passen. Das Einzige, was ihm wirklich, wirklich wichtig war: Sie sollte nicht selbst gestrickt sein.

Das war für mich – Strickdesignerin und leidenschaftliche Strickerin – erst mal schwer zu verdauen. Mein Sohn war für mich von Beginn an eine große Motivation fürs Stricken. Zuvor hatte ich jahrelang die Finger von den Nadeln gelassen: Job, Hochzeit, Sport, Leben in der großen Stadt, immer war was los. Aber während meiner Schwangerschaft war sofort klar, dass ich wieder stricken wollte: Es ging los mit einer riesigen, viel zu warmen Schwangerschaftsjacke aus dunkelroter Wolle (die ich später aufribbelte, um daraus eine viel genutzte Babydecke zu stricken). Es folgten Jäckchen und Strampler, Schühchen und Mützen, Rasselspielzeuge und – sehr praktisch und sehr zu empfehlen – Pullunder, einfarbig oder mit Kükenmotiv. Mein Sohn hat in den ersten paar Jahren seines Lebens wahrscheinlich keinen Tag ohne irgendetwas Selbstgestricktes am Leib verbracht. Später bekam er Halstücher und Mützen in leuchtenden Farben, sodass er beim Schlittenfahren im nahe gelegenen Park gut von den vielen anderen Kindern im Schnee zu unterscheiden war. Von meinen selbst entworfenen Mützen bekam er selbstverständlich auch immer ein Exemplar und er trug sie gern – bis zu diesem einen Weihnachten.

Ich weiß noch, wie meine beste Schulfreundin, mit der ich jeden Morgen zur Schule radelte, sich über ihre Oma beschwerte, die ihr jedes Jahr „nur“ ein paar handgestrickte Socken unter den Baum legte. Dabei hätte sie sich über einen Geldschein im Briefumschlag viel mehr gefreut. Ja, Menschen im Teenageralter sind schwer zu bestricken. In

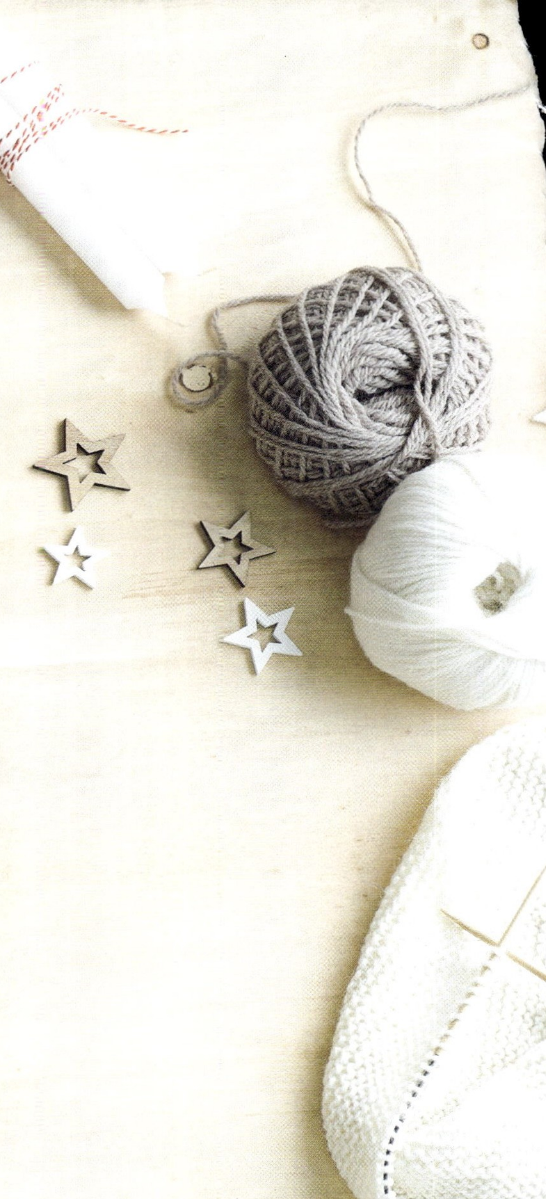

dieser Lebensphase geht es ums Abgrenzen: anders sein als die Eltern. Eigenständig werden. Da gehört es dazu, Eltern, deren Hobbys und das, was dabei herauskommt, doof zu finden. Das hat erst mal nichts mit uns als Personen zu tun und – in vielen Fällen – genauso wenig mit unseren Mützen, Socken und Pullovern. Bei meinem Sohn habe ich mich für den einfachen Weg entschieden und ihm eine doppellagige Mütze aus Merinowolle gekauft, die farblich super zu seiner Jacke passt. Er ist glücklich damit.

Bei manchen Teenagern ist aber noch nicht alles verloren: Wenn sie mit uns in einem Haushalt leben und uns öfter beim Stricken sehen, wissen sie, dass viel Mühe dahintersteckt und können das besser wertschätzen. Und womit sich manche dann doch locken lassen: die Maßanfertigung speziell nach eigenen Wünschen. Dafür lässt man den Teenie das Modell und das Garn selbst aussuchen und fertigt Loopschal, Bolerojäckchen und Legwarmer genau nach Wunsch. Auch wenn das Garn furchtbar und die Farbkombi in unseren Augen indiskutabel ist. Dann gibt's zwar keine Überraschung, aber rundum zufriedene Gesichter an Heiligabend.

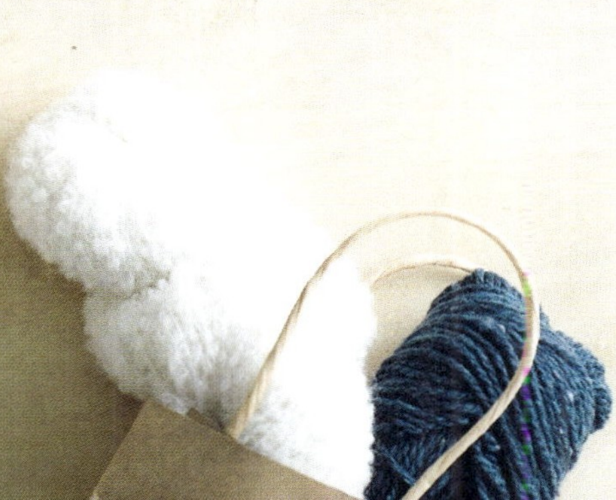

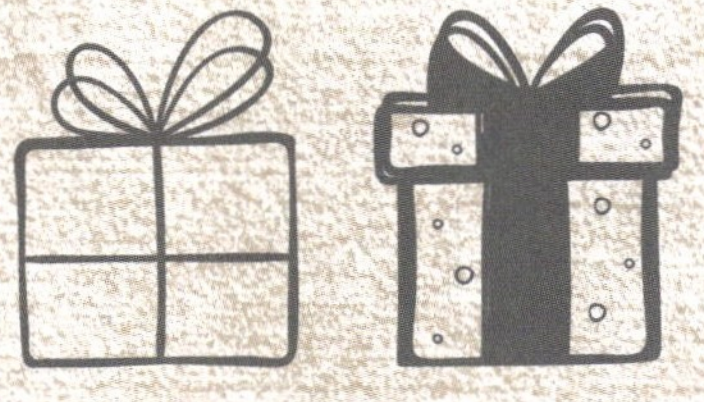

13

Bunt gegen den Blues

Ja, der Dezember kann lang sein: Jeden Tag geht die Sonne ein bisschen später auf und ein bisschen früher unter. Licht und Sonne zu tanken wird immer schwieriger – wenn wir nicht gerade die Mittagspause für ein paar Schritte an der frischen Luft nutzen können. Aber wer geht schon gerne raus bei grauem Matschwetter? Es ist noch so viel zu tun und zu erledigen vor dem Fest … Ja, ich gebe zu: Auch in der kuscheligen Vorweihnachtszeit bin ich manchmal nicht gut drauf und Kerzenschein und Lebkuchen helfen nicht immer. Ich sehne mich nach bunten Farben und nach Wärme und ein paar kleine Erfolgserlebnisse würden mir sicher guttun. Wie gut, dass ich stricken kann, denn all das – Farben, Wärme, Freude – bekomme ich mit Nadeln und einem Knäuel Garn. Oder, noch besser: mehreren kleinen Knäueln in hübschen Regenbogenfarben. Daraus könnte ich zum Beispiel Handwärmer stricken, die schnell fertig sind und sich auch noch als Weihnachtsgeschenk eignen. Für jedes Familienmitglied eine andere Farbe! Auch klasse: ein Schal oder eine kleine Decke aus den Garnresten, die während des Jahres bei meinen anderen Strickprojekten angefallen sind. Vorausgesetzt natürlich, dass ich nicht nur zurückhaltendes Schwarz oder nobles Grau verwendet habe. Und falls doch, vielleicht lassen sich die tristen Farben mit einem Satz bunter Mini-Knäuel kombinieren, sodass das Ganze dann doch als optischer Vitaminstoß wirkt. Auch sehr schön sind Tücher mit bunten Streifen oder solche, bei denen große Farbflächen in den persönlichen Lieblingsfarben kombiniert werden können.

Dabei muss das Stricken mit mehreren Farben gar nicht kompliziert sein: Klar, wer kann und mag, darf auch komplexe Einstrickmuster im Fair-Isle-Stil oder Intarsien arbeiten. Viele Strickbegeisterte schwören auf Anleitungen mit schwierigen Lochmustern oder seitenlangen Strickschriften, um den Kopf frei zu bekommen von all den Dingen, die uns sonst ins Grübeln bringen. Wer sich konzentrieren muss auf Garn, Nadeln, den nächsten Umschlag und zweimal Wie-zum-Linksstricken-Abheben, hat keinen Raum mehr für Sorgen über das richtige Geschenk für die pubertierende Nichte oder darüber, dass die Weihnachtsbäume schon wieder teurer geworden sind. Die komplexe Strickanleitung wirkt dann wie eine Achtsamkeitsübung, Meditation oder Yoga – nur dass wir uns hier statt auf unseren Atem, unsere Balance oder unsere Fußsohlen auf dem Boden eben darauf konzentrieren, das richtige Maschenmanöver in der korrekten Farbe an der vorgesehenen Stelle zu stricken.

Mir selbst reicht ein Garn in einer Farbe, die ich wirklich mag, um meine Laune zu heben: Es liegt dort in der Ecke auf meinem Schreibtisch wie eine kleine Sonne, deren Anblick mich wärmt. Ich freue mich auf jede Minute, die ich damit verbringen darf. Und wenn ich es dann in die Hand nehme, spüre ich, wie weich das Garn ist und wie viel Wärme es spenden wird. Mein kleiner Handwärmer wächst. Masche um Masche. Und ich lächle still in mich hinein.

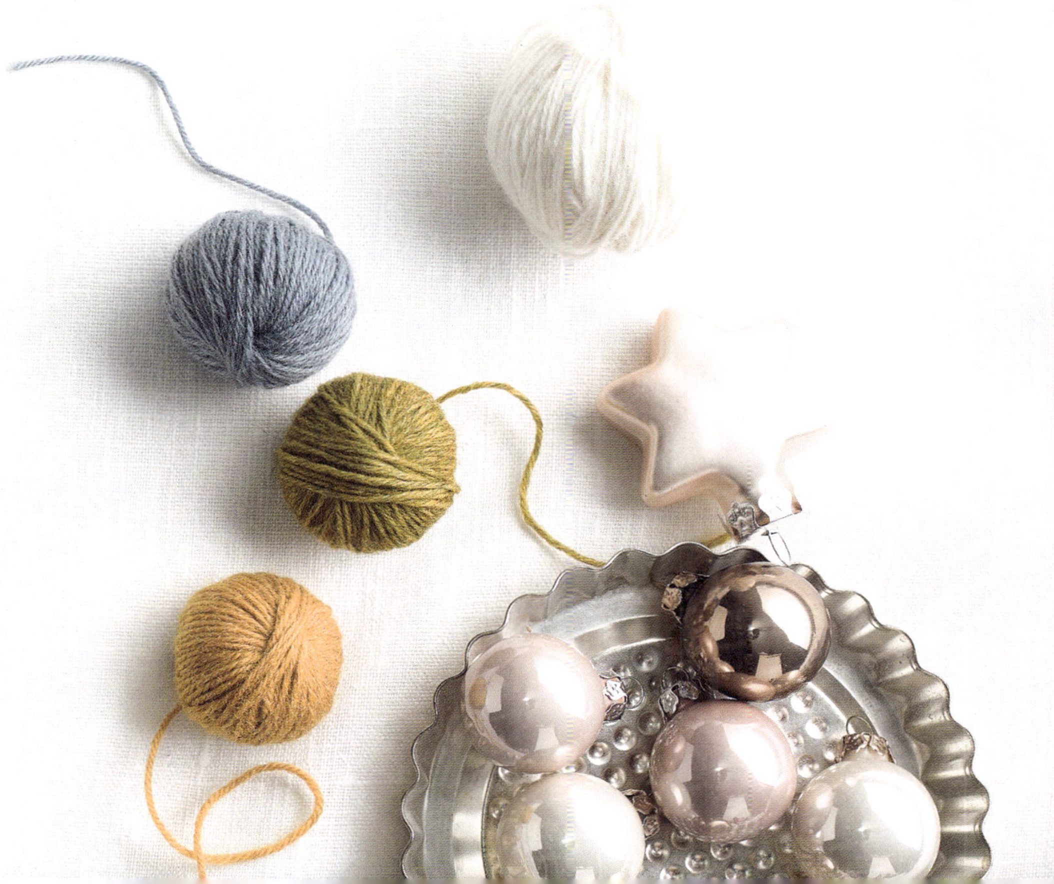

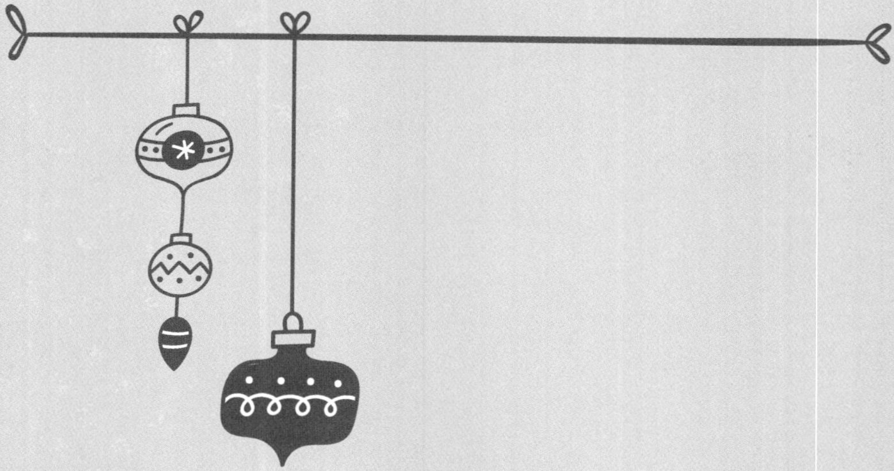

14

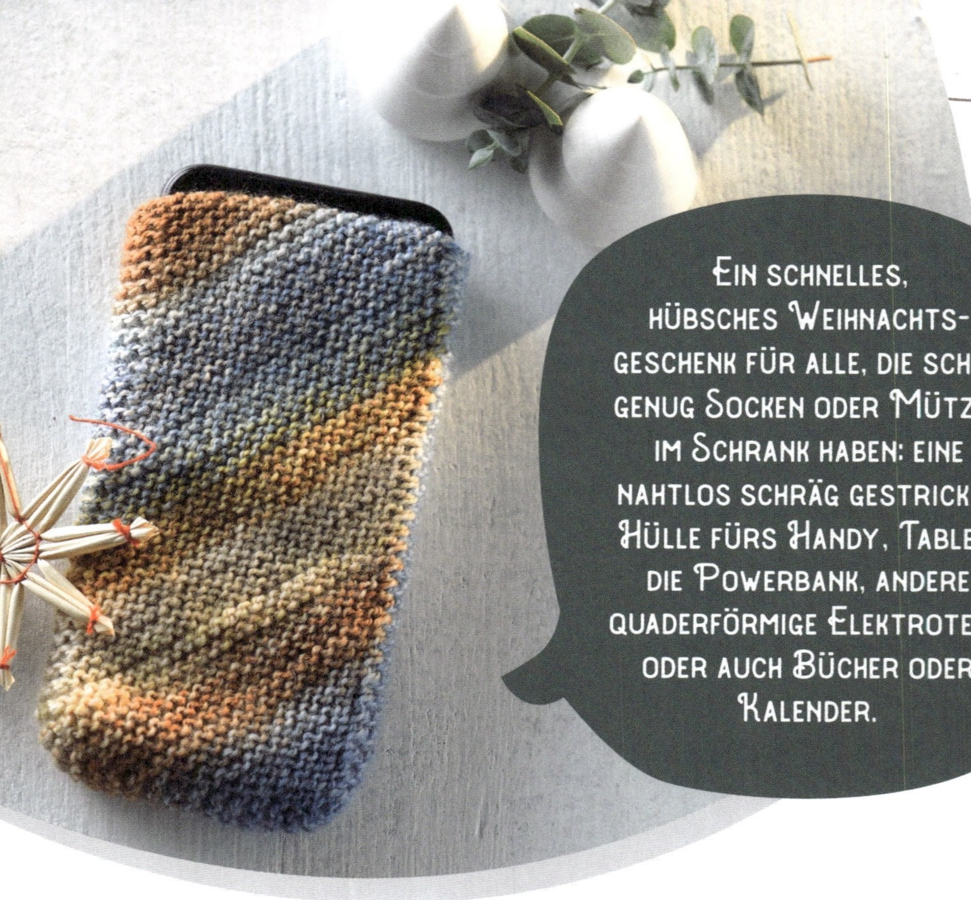

Ein schnelles, hübsches Weihnachtsgeschenk für alle, die schon genug Socken oder Mützen im Schrank haben: eine nahtlos schräg gestrickte Hülle fürs Handy, Tablet, die Powerbank, andere quaderförmige Elektroteile oder auch Bücher oder Kalender.

Electricity

Material

- Schoppel Zauberball Edition 3 (100 % Wolle, Lauflänge 150 m/50 g) in Strandcafé (Fb 2329), 20 g (oder ein anderes buntes Garn mit Farbverlauf, z. B. Sockenwollreste)
- Rundstricknadel 2,0 mm, 80 cm lang
- 2 Ring-Maschenmarkierer
- Stopfnadel

Tipp: Eine möglichst dünne Nadel (2,0 mm oder kleiner) verwenden, damit das Gestrick schön dicht wird und gut schützt. Alternativ die Hülle aus einem Garn stricken, das nicht superwash-behandelt ist, und anschließend filzen: Dafür diese zunächst etwa eineinhalb- bis zweimal so groß wie gewünscht stricken und dann in heißem Seifenwasser bewegen, bis sie auf die gewünschte Größe geschrumpft ist. Das erfordert natürlich ein wenig Fingerspitzengefühl!

Maße

Passend für ein Mobiltelefon von 14,8 x 7,5 x 0,8 cm, an verschiedene Maße anpassbar

Maschenprobe

Für das Modell nicht relevant, da an verschiedene Maße anpassbar.
Für das angegebene Beispiel kraus rechts mit Nadel 2,0 mm: 32 Maschen auf 10 cm

Anleitung

Die Hülle wird komplett nahtlos mithilfe von verkürzten Reihen und Wickelmaschen gestrickt.

Hinweis: Die Schemazeichnung auf Seite 119 beachten.

5 Maschen anschlagen.
Die Anzahl der hier angeschlagenen Maschen bestimmt sich nach der Dicke des Objekts (also der kürzesten Seite des Quaders). Hier wurde ein relativ dünnes Smartphone (ca. 1 cm dick) umstrickt. Soll zum Beispiel ein Buch umstrickt werden, müssen hier so viele Maschen angeschlagen werden, dass sie der Breite des Buchrückens entsprechen.

Anfangsreihe

kfb, MM setzen, bis zur letzten Masche rechts, MM setzen, m1, 1 Masche rechts (= 7 Maschen).
Mit Teil I fortfahren.

Teil I

Reihe: kfb, bis zum MM rechts, MMg, bis zum nächsten MM rechts, MMg, m1, bis zum Ende rechts.
Jede Wiederholung der Reihe fügt 2 Maschen hinzu.
Die Reihe wiederholen, bis die lange Seite des Dreiecks leicht (!) gedehnt von vorn nach hinten um die untere Kante des Objekts herumreicht. (Im Beispiel wurde die Reihe 26-mal gestrickt = 59 Maschen insgesamt.)
Mit Teil II fortfahren.

Teil II

Reihen 1 und 2: bis zum MM rechts, MMg, bis zum nächsten MM rechts, MMg, m1, bis zur letzten Masche rechts, w&w.
Reihe 3: bis zum MM rechts, MMg, bis zum nächsten MM rechts, MMg, m1, bis 1 Masche vor der zuletzt umwickelten Masche rechts, w&w.
Bei jeder Wiederholung der Reihe 3 wird 1 Masche umwickelt und dann stillgelegt und 1 Masche zugenommen, d. h., die Zahl der zu strickenden Maschen bleibt konstant.
Reihe 3 so oft wiederholen, bis die Mittelachse des Dreiecks leicht (!) gedehnt die Längskante des Objekts komplett bedeckt. (Im Beispiel wurden 32 Wiederholungen gestrickt.)
Mit Teil III fortfahren.

Teil III

Reihe: bis 2 vor dem MM rechts, 2reZus, MMg, bis zum nächsten MM rechts, MMg, bis 1 Masche vor der zuletzt umwickelten Masche rechts, w&w.
Die Reihe wiederholen, bis sich jeweils nur noch eine nicht umwickelte Masche außen neben den MM befindet.
Mit Teil IV fortfahren.

Teil IV

Reihe: 1 Masche wie zum Linksstricken abheben, MMg, 3 M rechts, MMg, 1 M abheben, die Umwicklung der nächsten Masche auf die linke Nadel setzen, dann die abgehobene Masche, die Umwicklung und die nächste Masche (= 3 Schlaufen) rechts zusammenstricken, Arbeit wenden.
Die Reihe so oft wiederholen, bis keine umwickelten Maschen mehr vorhanden sind. Dann abketten und dabei die MM entfernen. Danach die Fäden unsichtbar vernähen.

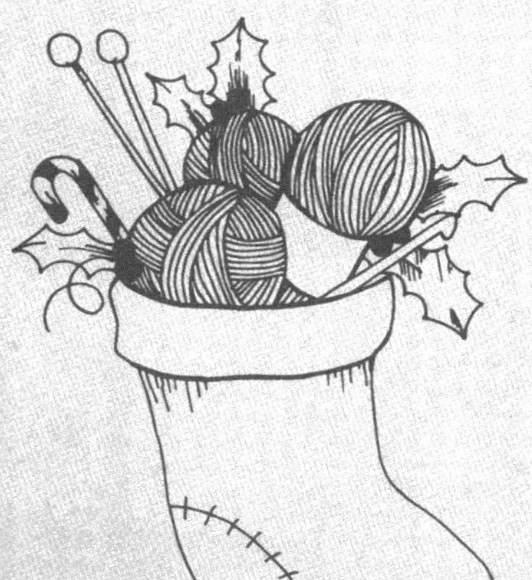

15

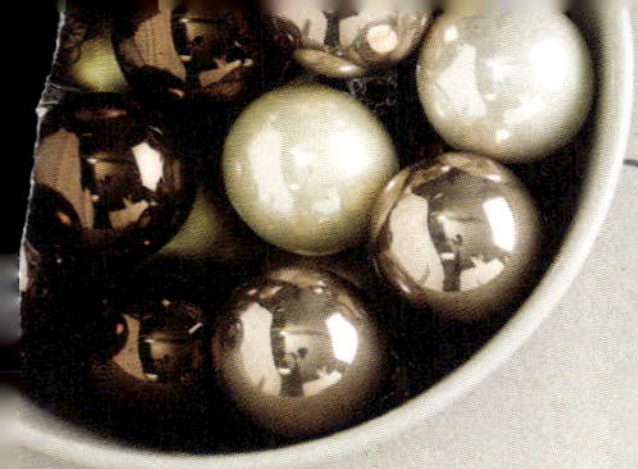

Das Geschenk der Unabhängigkeit

Wenn wir neue Kleidung brauchen, gehen wir einkaufen: in der Innenstadt, im Outletcenter, im Internet. Vielleicht sehen wir etwas, das uns gefällt, und das nehmen wir dann mit in die Umkleidekabine oder bestellen es zum Anprobieren nach Hause. Und dann passt es – oder eben nicht. Bonuspunkte, wenn es auch noch gut aussieht, unserer Haut- oder Augenfarbe schmeichelt und wir uns damit wohlfühlen, also so aussehen, wie wir aussehen möchten. In diesem Prozess haben wir wenige Entscheidungsmöglichkeiten: Wir können überlegen, welche Art Kleidungsstück wir möchten, welche Marke oder welches Geschäft wohl so etwas anbietet, und wenn wir etwas finden, können wir es kaufen oder auch nicht.

Es ist noch gar nicht so lange her, dass Menschen auf völlig andere Art Kleider, Anzüge, Hosen und Blusen besorgten: Sie ließen sie von kundigen Menschen anfertigen oder stellten sie selbst her. Die Schneiderin nahm Maß, es wurden Stoffe und Knöpfe ausgesucht, Länge, Kragenform und Verzierungen diskutiert und am Ende gab es ein perfekt sitzendes Kleid, einen schmeichelnden Mantel, eine Hose, die nicht kniff. Das Gefühl, das viele von uns beim Einkaufen haben, einfach nirgends hineinzupassen oder am Ende exakt so auszusehen wie alle anderen – das passiert eher nicht, wenn ein Kleidungsstück extra für uns angefertigt wurde.

Etwas, das gut passt und unseren Vorstellungen entspricht, gibt uns ein gutes Gefühl. Und genau das können wir uns verschaffen, indem wir zumindest einen Teil unserer Garderobe selbst herstellen. Wir sind unabhängig von dem, was gerade Mode ist. Wenn superweite Schlabberpullis auf den Laufstegen gezeigt werden, die aber gar nicht unser Ding sind, können wir unseren neuen Ringelpullover mit ein paar gezielten Zu- und Abnahmen trotzdem auf Figur stricken. Wenn überall Pastellfarben vorherrschen, wir aber kräftige Farben lieber mögen,

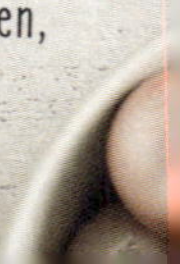

finden wir bestimmt ein Garn in einem leuchtenden Ton, der uns gefällt. Und wenn überall einfarbige Schlichtheit gezeigt wird, können wir bunte Blümchen in unsere Socken und Pullover stricken, so viel wir lustig sind.

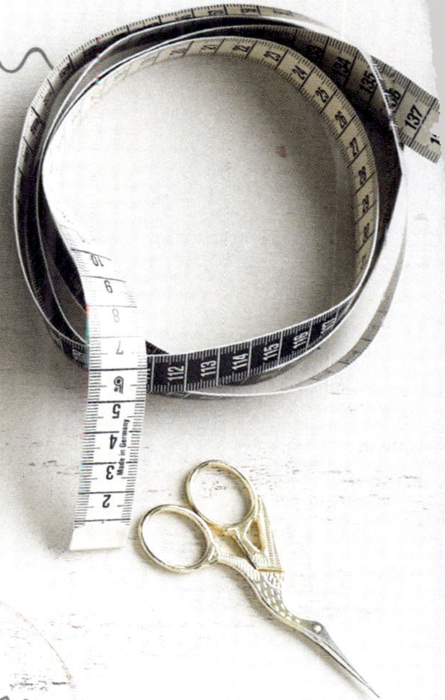

STRICKEN – UND NÄHEN NATÜRLICH AUCH – macht unabhängig von dem, was die Bekleidungsindustrie uns anbietet. Es macht selbstbewusst, ein Tuch in einer Farbe tragen zu können, die unsere Augenfarbe so richtig leuchten lässt. Wir nehmen die Schultern zurück und gehen aufrechter, wenn wir uns in dem neu gestrickten, perfekt passenden Pullover schön fühlen. Und zu Recht auch stolz darauf sind, so etwas gestrickt zu haben.

ZUGEGEBEN, ES IST NICHT IMMER GANZ EINFACH, eine Pulloveranleitung, die sich natürlich auch an Standardgrößen und -maßen orientiert, an den eigenen Körper anzupassen. Aber da gibt es Bücher und Onlinekurse, die zeigen, wie es geht. Und Anleitungen, in denen die Anpassung schon mitgedacht ist, zum Beispiel bei Raglanpullovern, die am Halsausschnitt beginnen und von oben nach unten gestrickt werden. Einfach mal ausprobieren – denn Unabhängigkeit in Modedingen ist eines der schönsten Geschenke, das wir uns mit unserem Stricken machen können!

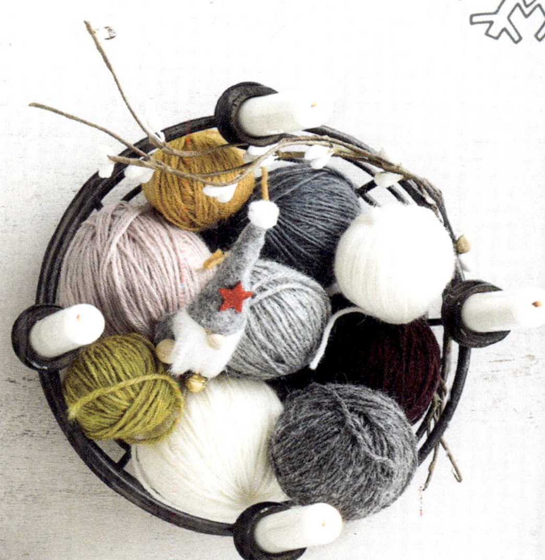

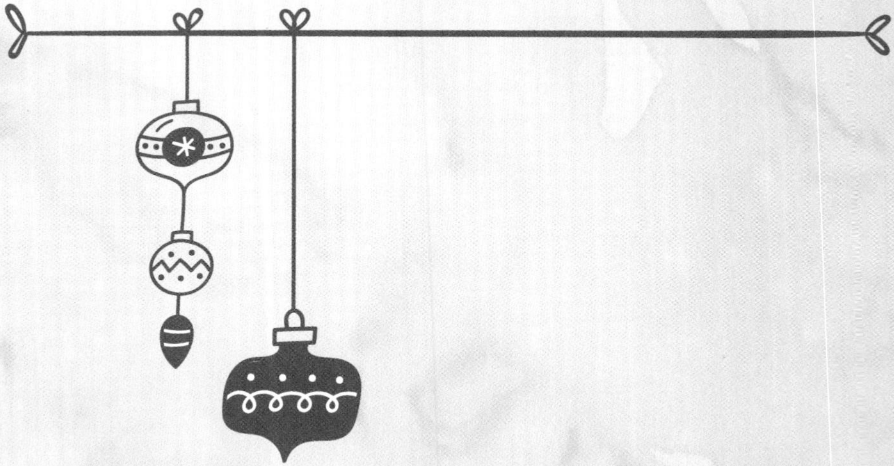

16

Etwas GUTES tun

Jetzt in der Adventszeit starten Radiosender große Spendenaktionen, im Sportverein wird für den guten Zweck gesammelt und in den Schulen der Kinder werden Päckchen für Menschen gepackt, denen das Geld für ein üppiges Weihnachten fehlt. Strickaktionen für den guten Zweck gibt es auch: winzige Mützen für Frühgeborene, größere Mützen für geflüchtete oder obdachlose Menschen, gestrickte Decken als Trost in schweren Zeiten. Wer strickt, hat oft auch Freude daran, anderen etwas Gutes damit zu tun und so Wärme zu schenken, die von Herzen kommt.

Aber – und das ist das Schöne – auch wenn wir uns selbst mit der neuesten hippen Tuchanleitung von der dänischen Designerin mit den grünen Haaren bestricken, tun wir der Welt einen Gefallen. Erstens überlegen wir ganz genau, ob wir dieses Tuch, diesen Pullover mit den Fledermausärmeln oder die Flauschstola wirklich, wirklich brauchen. Denn neben dem Geld für das Garn (und eventuell auch noch neue Stricknadeln, Maschenmarkierer und Projektbeutel) müssen wir ja unsere Zeit hineinstecken. Mitunter viele, viele Stunden, die sich über Wochen und Monate erstrecken. Vielleicht müssen wir uns anstrengen, um die Anleitung zu verstehen, um das Einstrickmuster richtig umzusetzen oder diese lustigen Kringel richtig hinzubekommen.

Diese Investitionen nehmen wir nur vor, wenn wir glauben, dass wir das fertige Stück auch gerne tragen werden. Ein „Naja, das nehme ich mal mit, kann ich ja später umtauschen" gibt es bei der handgestrickten Jacke nicht. Diese Überlegungen und natürlich die Tatsache, dass wir das, was wir selbst herstellen, bei Farbe und Garn an unsere eigenen Wünsche anpassen können, erhöht die Wahrscheinlichkeit, dass wir das Stück später auch wirklich tragen. Und lange tragen. Und sorgfältig stopfen oder reparieren, falls irgendwo etwas kaputtgehen sollte. Hätten wir uns ein extravagantes Tuch im Laden gekauft, läge es vielleicht einfach ein paar Jahre lang in irgendeiner Ecke, um dann doch bei einer Aufräumaktion („Bringt es mir Freude?") in der Altkleidersammlung zu landen. Oder wir tragen den günstig gekauften Pulli ein paarmal, aber wenn er am Ärmel durchscheuert, lohnt sich die Mühe der Reparatur kaum. Der aufwendig in wochenlanger

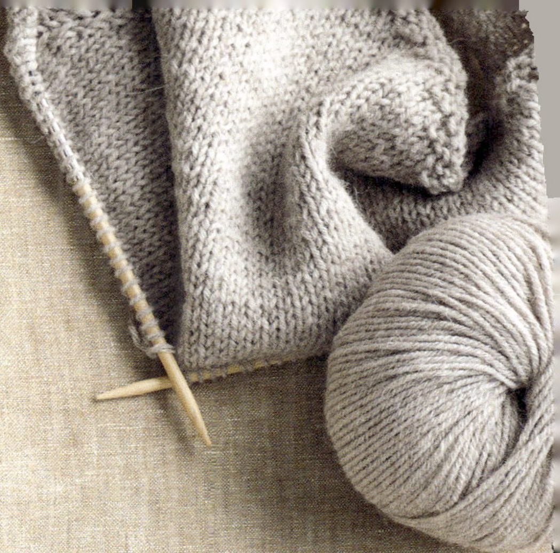

Arbeit aus extra aus Cornwall importierter Gotlandschafwolle gestrickte Zopfpulli wird dagegen mit ledernen Ärmelflicken bestückt, am Halsausschnitt repariert und am Bündchen gestopft, wenn er nach vielen, vielen Wintern erste Verschleißerscheinungen zeigt.

Außerdem wird es immer einfacher, nachhaltig und tierfreundlich hergestellte Garne zu finden: Einige tragen bereits das GOTS-Siegel (Global Organic Textile Standard), das höchste Ansprüche nicht nur an biologische Schafhaltung, sondern auch an die Arbeitsbedingungen in Spinnereien und Färbereien stellt. Und für faire, angenehme Arbeitsbedingungen beim Stricken können wir – besonders jetzt im Advent! – ganz einfach selbst sorgen: eine Tasse Roiboos-Vanille-Tee, die leckeren Plätzchen von Tante Rosi, die Kerzen auf dem Kranz anzünden, der gemütliche Sessel. Gut für uns und gut für die Welt!

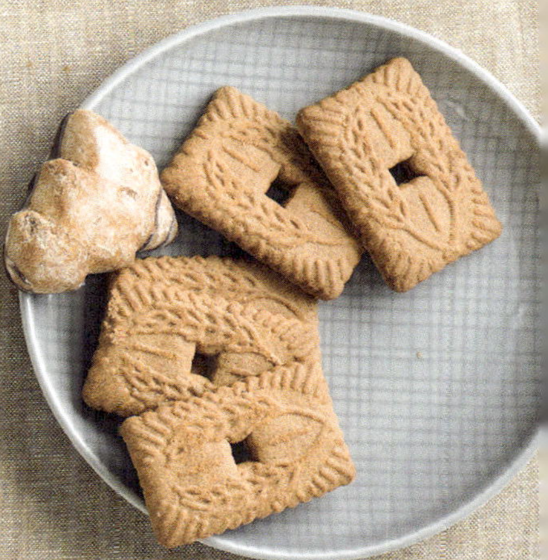

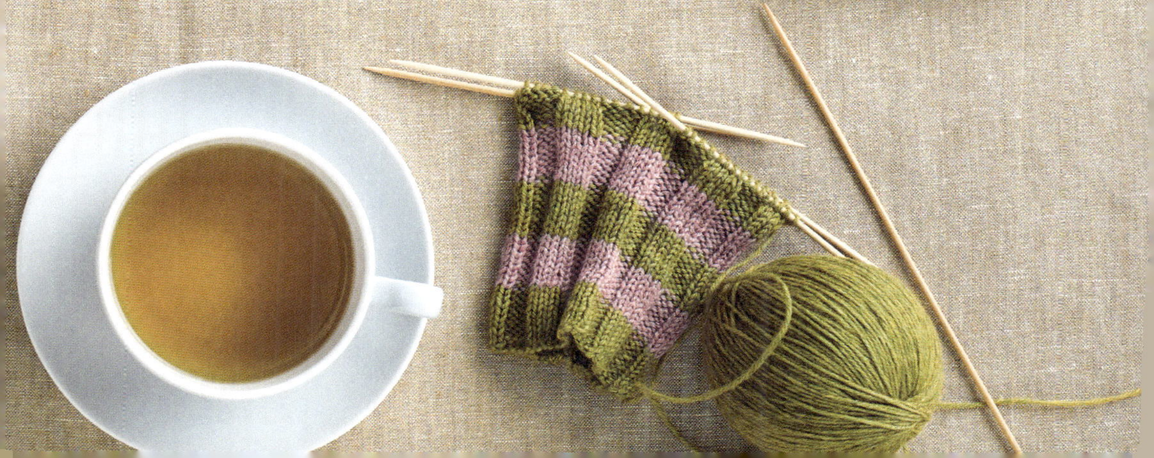

17

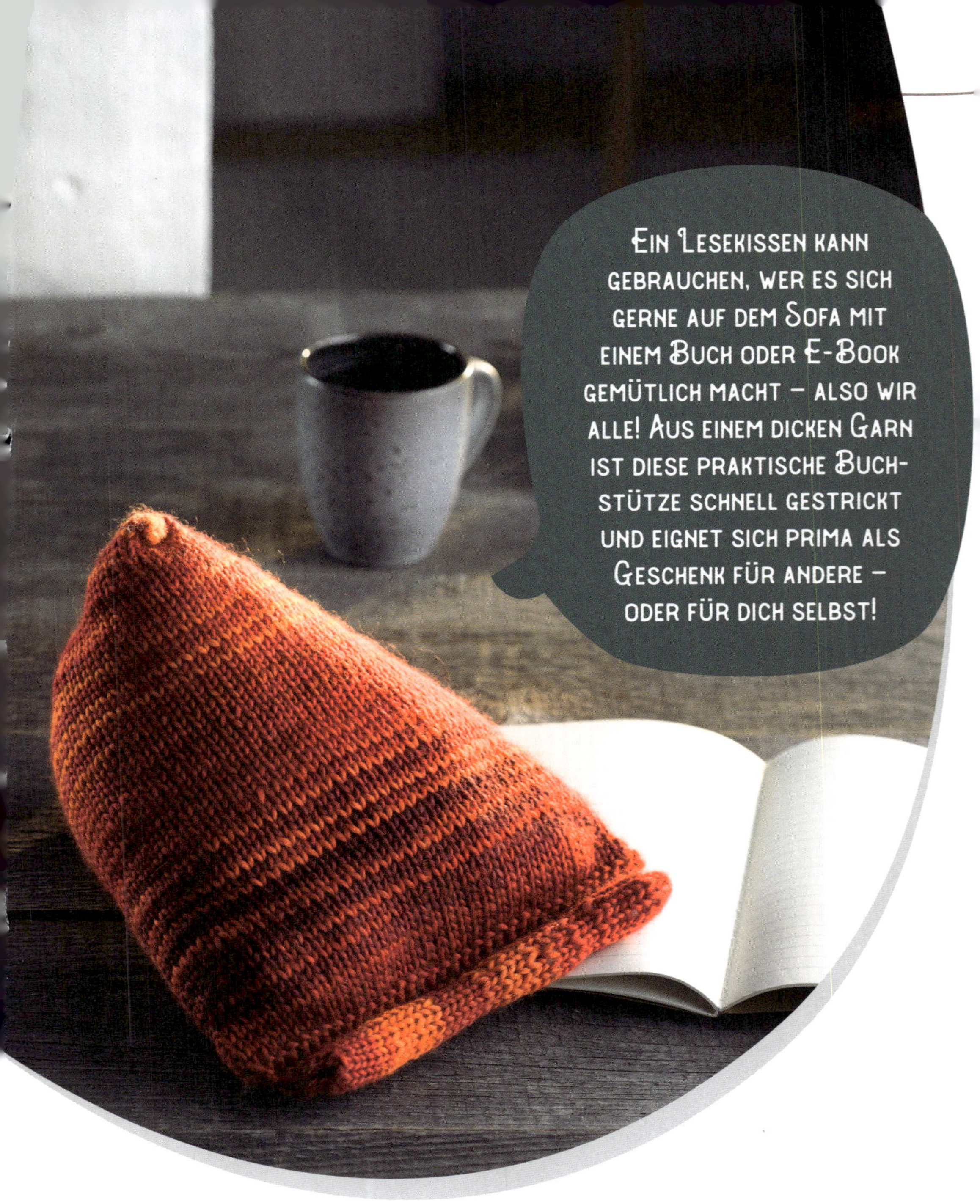

Ein Lesekissen kann gebrauchen, wer es sich gerne auf dem Sofa mit einem Buch oder E-Book gemütlich macht – also wir alle! Aus einem dicken Garn ist diese praktische Buchstütze schnell gestrickt und eignet sich prima als Geschenk für andere – oder für dich selbst!

HINgucker

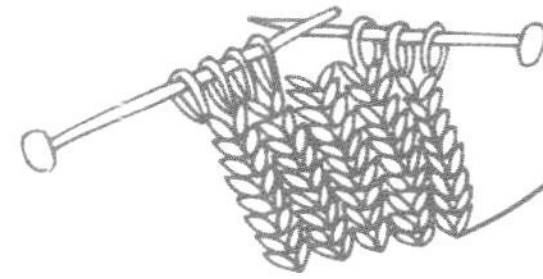

Material

- Rundstricknadel oder Nadelspiel 5,0 mm
- Nadelspielnadel in gleicher Stärke
- Schoppel Pur (100 % Wolle, Lauflänge 150 m/ 100 g) in Cranberries (Fb 1963), 100 g
- Maschenmarkierer
- Stopfnadel
- Füllwatte oder -wolle

Maße

Breite: 20 cm
Länge: 29 cm

Maschenprobe

Glatt rechts mit Nadel 5,0 mm:
16 Maschen auf 10 cm

Anleitung

Teil I: Kissen

72 Maschen zweiseitig (zum Beispiel mit dem Winding Cast-on, siehe Seite 110) anschlagen (36 Maschen je Nadel). Alternativ 72 Maschen mit dem Kreuzanschlag anschlagen, zur Runde schließen und nach ein paar Runden die Anschlagkante aufeinanderlegen und zusammennähen.
Den Rundenanfang mit einem MM markieren. 58 Runden rechts stricken. Den MM entfernen. Dann weitere 18 Maschen stricken und stoppen.
Das Kissen mit der Füllwatte füllen.
Mit Teil II fortfahren.

Teil II: Ablage

Jetzt je 1 Masche von vorne und hinten zusammenstricken: Die Maschen auf beide Nadelenden schieben und mit einer weiteren Stricknadel je eine Masche von der vorderen und eine Masche von der hinteren Nadel zusammenstricken (= 36 Maschen).
Anschließend 4 Reihen kraus rechts hin- und herstricken.
Mit Teil III fortfahren.

Teil III: Stopper

Mit dem Arbeitsfaden 8 neue Maschen anschlagen oder aufschlagen.
Jetzt wird über diese 8 Maschen ein dünner Schlauch mit der I-Cord-Technik gestrickt. Dabei werden die Maschen aus Teil II aufgebraucht:
Reihe: 7 Maschen rechts, 2 Maschen rechts verschränkt zusammenstricken, die 8 Maschen wieder zurück auf die linke Nadel setzen.
Die Reihe wiederholen, bis alle Maschen aus Teil II aufgebraucht sind. Jetzt den entstandenen Schlauch relativ fest mit Füllwatte füllen und an beiden Enden schließen.
Fäden unsichtbar vernähen.

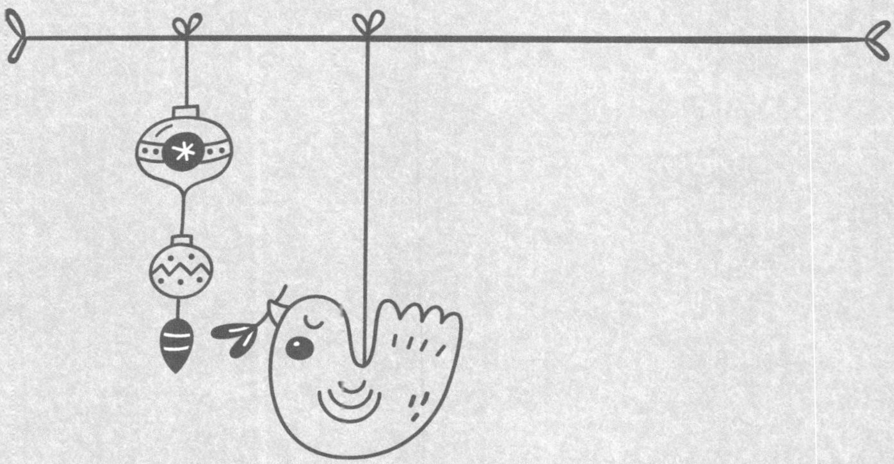

21

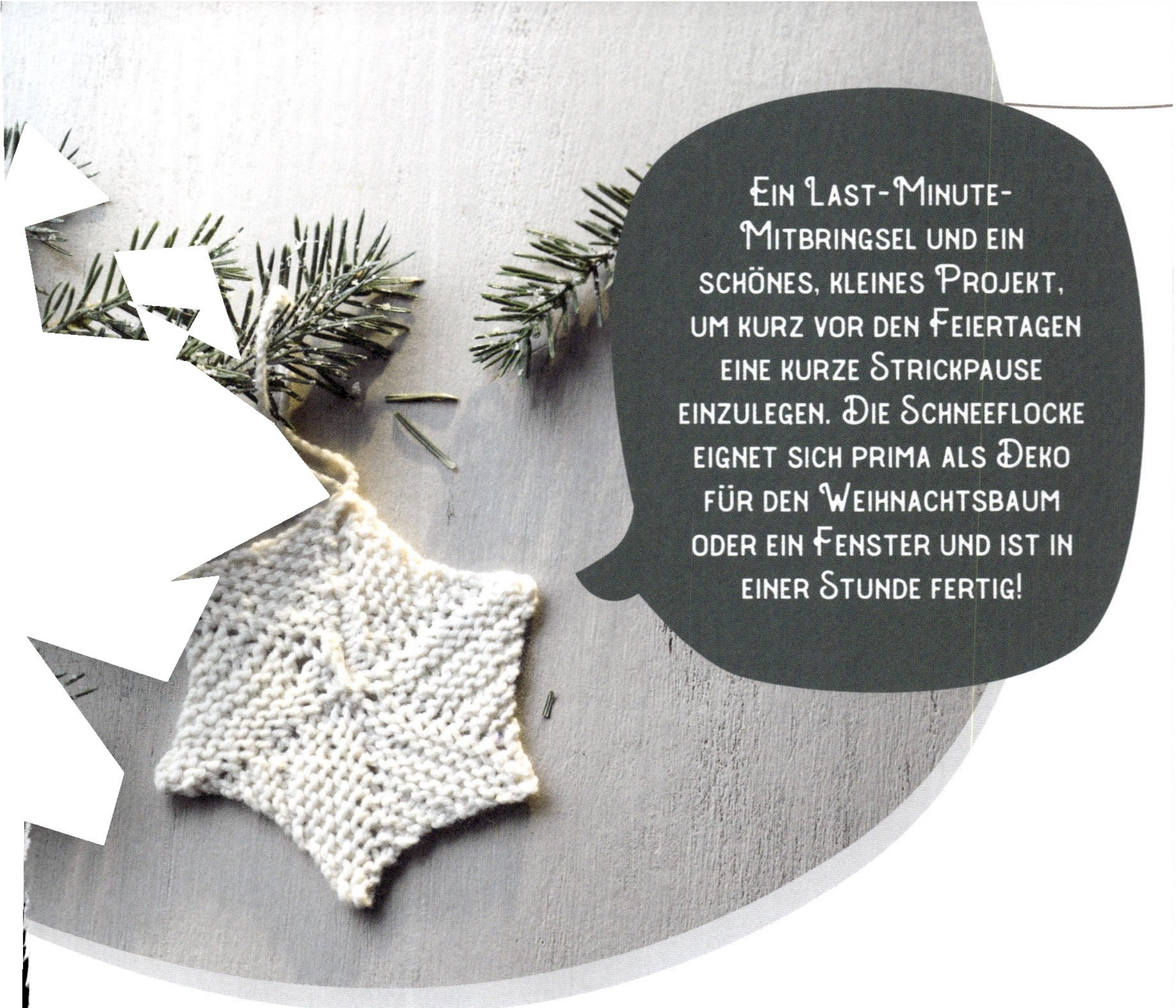

SCHNEE*kristall*

Material

- Rosy Green Wool Cheeky Merino Joy (100 % Wolle, Lauflänge 320 m/100 g) in Edelweiß (Fb 65), 5 g
- Rundstricknadel oder zwei Nadelspielnadeln 3,25–3,5 mm
- Weitere Stricknadel in gleicher Stärke zum Abketten
- Häkelnadel
- Stopfnadel

Maße

12 cm Durchmesser

Maschenprobe

Für das Modell nicht relevant.
Für das angegebene Modell kraus rechts mit Nadel 3,25–3,5 mm: 6 Maschen auf 2,5 cm

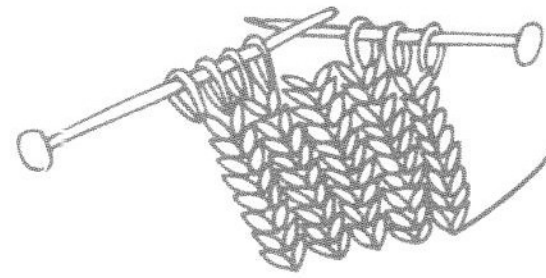

Anleitung

Anfangsdreieck

2 Maschen anschlagen.
Reihe 1: 2 Maschen rechts.
Reihe 2: 2 Maschen rechts.
Reihe 3: kfb, bis zur letzten Masche rechts, kfb.
Reihen 1–3 wiederholen, bis 12 Maschen auf der Nadel sind.
Mit dem Grundmuster fortfahren.

Grundmuster

Hier wird jeweils ein neues Dreieck an das vorherige Dreieck angestrickt. Dabei werden nicht alle Maschen auf der Nadel gestrickt.
Reihe 1: 1 Masche rechts, 2reZus, Arbeit wenden.
Reihe 2: 1 Masche wie zum Linksstricken abheben, 1 Masche rechts.
Reihe 3: 1 Masche rechts, 2reZus, Arbeit wenden.
Reihe 4: 1 Masche wie zum Linksstricken abheben, kfb.
Reihe 5: 2 Maschen rechts, 2reZus, Arbeit wenden.
Reihe 6: 1 Masche wie zum Linksstricken abheben, 2 Maschen rechts.
Reihe 7: kfb, kfb, 2reZus, Arbeit wenden.
Reihe 8: 1 Masche wie zum Linksstricken abheben, 4 Maschen rechts.
Reihe 9: 4 Maschen rechts, 2reZus, Arbeit wenden.
Reihe 10: 1 Masche wie zum Linksstricken abheben, kfb, 2 Maschen rechts, kfb.
Reihe 11: 6 Maschen rechts, 2reZus, Arbeit wenden.
Reihe 12: 1 Masche wie zum Linksstricken abheben, 6 Maschen rechts.
Reihe 13: kfb, 4 Maschen rechts, kfb, 2reZus, Arbeit wenden.
Reihe 14: 1 Masche wie zum Linksstricken abheben, 8 Maschen rechts.
Reihe 15: 8 Maschen rechts, 2reZus, Arbeit wenden.
Reihe 16: 1 Masche wie zum Linksstricken abheben, kfb, 6 Maschen rechts, kfb.
Reihe 17: 10 Maschen rechts, 2reZus, Arbeit wenden.
Reihe 18: 1 Masche wie zum Linksstricken abheben, 10 Maschen rechts.
Reihe 19: kfb, 9 Maschen rechts, 2reZus, Arbeit wenden.
Reihe 20: 1 Masche wie zum Linksstricken abheben, 11 Maschen rechts.
Das Grundmuster von 20 Reihen noch viermal stricken.
Am Schluss aus der gegenüberliegenden Dreieckskante 12 Maschen aufnehmen und diese mit drei Nadeln abketten, sodass die Schneeflocke zusammengefügt wird.
Den Arbeitsfaden mit ca. 40 cm Länge abschneiden und daraus eine Luftmaschenkette häkeln, die als Aufhänger dient. Die Fadenenden vernähen.

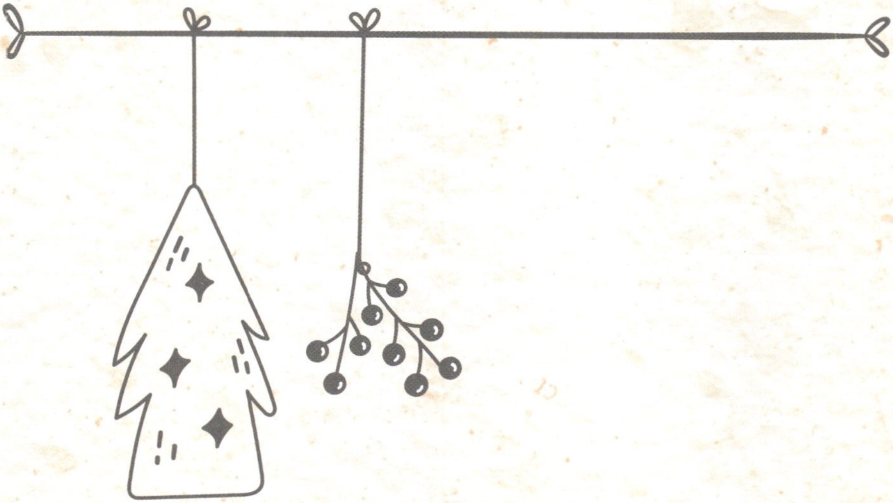

22

Meine Insel *aus Garn*

Die Chefin möchte von mir einen Text über eine Person, die ich mich nicht wirklich interessiert. Später habe ich eine Videokonferenz, bei der ich unbedingt anwesend sein muss. Dann muss ein Teenager zum Schlagzeug-Unterricht in die 18 Kilometer entfernte Kleinstadt gefahren werden und außerdem bin ich mit dem Wocheneinkauf dran. Und das Päckchen mit den selbst gebackenen Plätzchen für die Patentante muss dringend zur Post. Apropos: Wann besorgen wir eigentlich den Weihnachtsbaum? Das müssen wir dringend besprechen, am besten beim Abendessen. Danach will der Hund noch mal raus, und ja, an die vielen Fusseln, die er in der Diele hinterlässt, müsste ich mal mit dem Staubsauger ran.

Aber das verschiebe ich auf morgen, denn jetzt kommt die einzige Zeit am Tag, in der ich wirklich und ganz alleine Boss bin. Hier bestimme ich, endlich mal. Ich stehe vor meinem Wollschrank und entscheide selbst, ob ich lieber den lila-pink-roten Strang handgefärbten Sockengarns oder die Tüte mit dem dicken Pullovergarn herausnehme. Ich bestimme, ob ich aus dem Sockengarn wirklich Socken oder lieber ein Tuch oder zwei Mützen stricken will. Ich entscheide, ob ich eine Babydecke, einen dicken Schal für den immer fröstelnden Teenager oder einen Pullover für mich machen möchte. Und dann wähle ich natürlich die Anleitung selbst aus, entscheide mich für längere oder kürzere Ärmel, für einen weiten, figurumspielenden oder eher knappen Schnitt. Ich wähle selbst, ob mir der Sinn nach etwas Einfachem oder Komplexem steht.

Hier muss ich mich auch nicht mit etwas beschäftigen, das mir nicht wichtig ist. Ich wähle mein Thema selbst und ich setze es in dem Tempo um, das mir gefällt. Da ist niemand, der mir im Nacken sitzt und sagt: Wo bleibt deine Ausarbeitung? Hast du dich schon darum gekümmert? Wann gehst du eigentlich einkaufen, wir brauchen dringend Kartoffeln und Bananen? Niemand, der mich mit großen Augen anwinselt, weil er noch raus muss.

BEIM STRICKEN entscheide ich ganz allein, welche Werkzeuge ich benutze, wie viel Zeit ich für ein Projekt aufwenden will und was am Ende dabei herauskommen soll. Ich kann sogar – ohne mich dafür rechtfertigen zu müssen – einfach beschließen, dass der angefangene Pulli in einer luftdichten Tüte im Schrank verschwinden soll. Auf unbestimmte Zeit. Einfach, weil mir danach ist.

STRICKEN IST FÜR MICH das kleine Stück meines Alltags, in dem ich mich nicht nach anderen richten muss und einfach tun und lassen kann, was ich mag. Meine kleine Insel aus Garn. Sicher, auch hier gelten gewisse Rahmenbedingungen: Wie viel Geld möchte ich in das Garn für meinen neuen Pullover stecken? Wie viel Zeit habe ich realistischerweise, um es fertig zu stricken? Doch alles andere ist meine Entscheidung. Und das zu wissen, tut einfach gut und ist eine schöne, wichtige Abwechslung zum Alltag, in dem ich oft nach der Pfeife der anderen tanzen muss. Beim Stricken stehe ich, stehen meine Vorlieben im Mittelpunkt. Und das tut einfach gut.

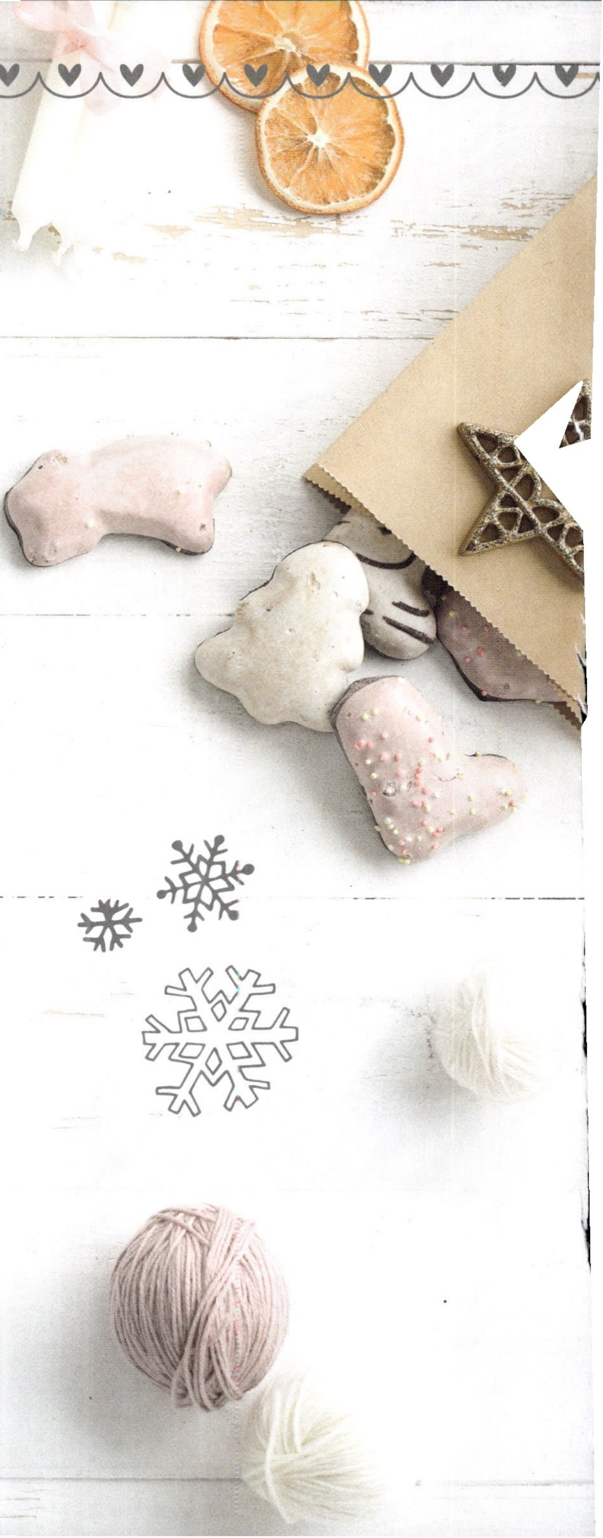

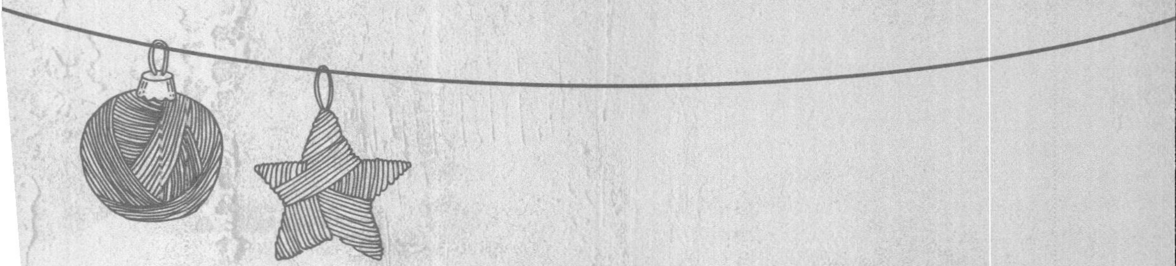

23

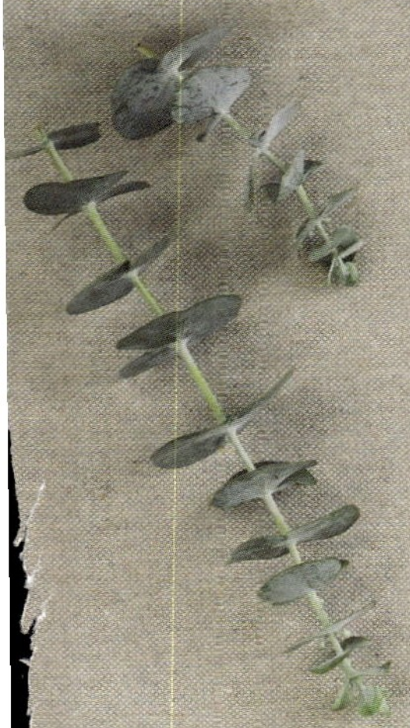

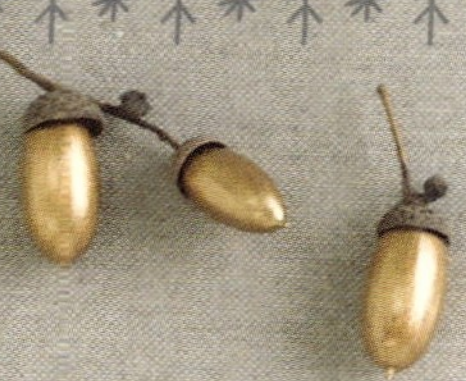

Stricken baut auf

Vor ein paar Tagen habe ich mich mit meiner Freundin – nennen wir sie Anja – getroffen, die ich nicht oft sehe, weil sie weit weg wohnt, die ich aber sehr gerne mag. Eine Freundin, die auch gerne und viel strickt, die sich mit Fangmaschen auskennt und weiß, wie man eine Mäusezähnchenkante strickt. Immer wenn ich sie treffe, strahlt sie eine freundliche, fröhliche Energie aus, die alle Schwierigkeiten des Lebens einfach wegzupusten scheint. Egal, ob sie im Job unter Druck steht, ihre Kinder Probleme machen oder ihre Mutter ins Krankenhaus muss: Anja bleibt für alle der Sonnenschein, der Fels, auf den sie sich verlassen können. Anja ist für dich da, Anja macht das schon, Anja begleitet dich ins Krankenhaus, Anja kriegt das hin.

Als ich sie vor ein paar Tagen traf, war es ein bisschen anders. Auch diesmal war Anja fröhlich und lachte viel, aber sie erzählte mir von dem Tag im Dezember, an dem sie nicht mehr konnte. An dem sie sich einfach aufs Sofa setzte und kein Wort mehr herausbrachte. Ihr Mann fuhr sie zur Hausärztin, die verordnete ein Beruhigungsmittel und ein paar Tage ohne Arbeit und Familie. Anja packte eilig und kopflos eine Tasche und fuhr zu ihrer Cousine auf den Darß.

Nach mehreren Tagen ohne Handy und vielen Spaziergängen am windigen Ostseestrand bemerkte Anja, dass sie vergessen hatte, ihr Strickzeug einzupacken. Sie bat ihren Mann, ihr ein Knäuel buntes Garn, passende Stricknadeln und ein Anleitungsbuch zu schicken. Sie suchte sich ein Tuch heraus, das fast nur aus rechten Maschen bestand, mit einer einfachen Wellenkante. Sie konnte das Muster nach wenigen Wiederholungen auswendig. Als wir uns trafen, hatte sie das Tuch dabei, es war fast fertig.

Das hat mir geholfen, sagte sie. Einfach nur stricken, Masche für Masche. Sie konnte die Farbwechsel des Garns beobachten. Sie sah, dass sie – selbst als gar nichts mehr ging – etwas zustande brachte. Sie sah den Fortschritt in ihren Händen.

Anja ist jetzt wieder zu Hause bei ihrer Familie. Sie hat Menschen, die sie unterstützen. Und sie hat sich schon einmal mit ihrer neuen Therapeutin getroffen. Sie ist optimistisch, dass es ihr bald besser gehen wird.

Stricken ist kein Ersatz für Therapie und Behandlung, aber mir haben schon einige Menschen erzählt, dass sie, wenn sie geschwächt oder krank waren oder sonst das Gefühl hatten, nichts mehr hinkriegen zu können, zum Strickzeug gegriffen haben. Eine einfache Anleitung, ein schönes Garn, und – ich vermute, das ist das Entscheidende – Zeit und Ruhe. Garn und Nadeln in der Hand signalisieren den Menschen um uns herum und uns selbst: Ich tue gerade etwas für mich. Und das kann, genau wie bei meiner Freundin Anja, sehr heilsam sein.

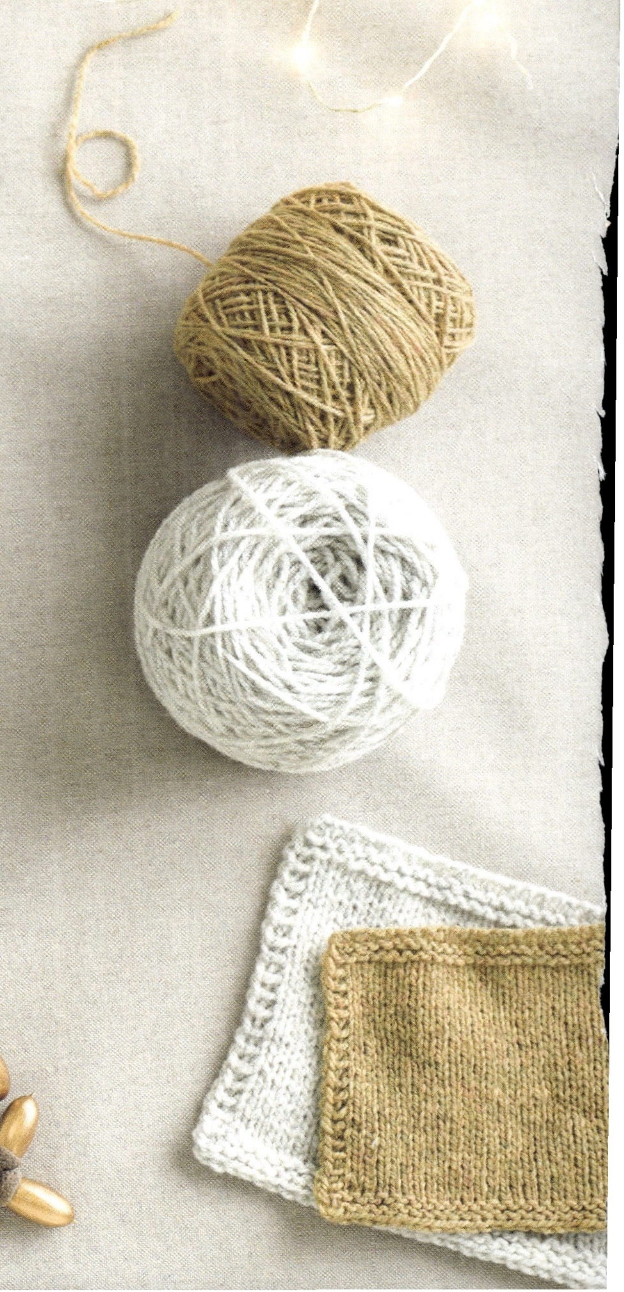

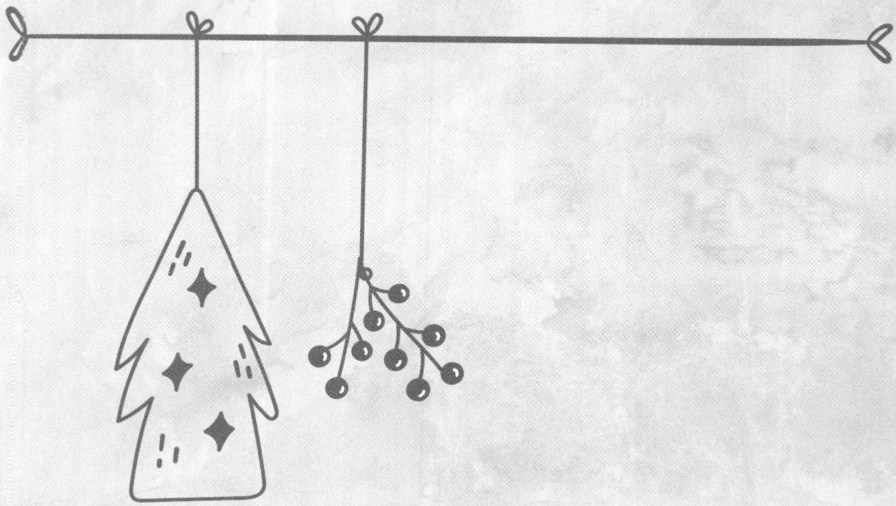

24

Stricken ist HOFFNUNG

HEUTE IST HEILIGABEND, das große Finale der Adventszeit und des Jahres. Wahrscheinlich haben wir alle Gutes und Schweres erlebt, waren manchmal froh und manchmal traurig. Wir wissen, dass wir kleine und große Probleme angehen müssen, weitermachen, auch wenn es manchmal aussichtslos erscheint: Klimakrise, Pandemien, Krieg, Armut, Ungerechtigkeiten. Die Suche nach einer bezahlbaren Wohnung oder einem Job, der uns nicht frustriert. Der Streit mit der Familie über nicht ausgeräumte Spülmaschinen und den vollen Biomülleimer. Egal, ob die Sorgen winzig oder immens erscheinen: Manchmal fühlen wir uns hilf- und machtlos. Und das tut uns nicht gut.

ELIZABETH ZIMMERMANN, eine der bekanntesten Strickdesignerinnen, schrieb einmal sinngemäß: Stricken besänftigt die, die Sorgen haben – und allen anderen schadet es auch nicht. Und natürlich hat sie damit recht: Beim Stricken machen wir die Erfahrung, dass unsere Ideen und unser Tun, unsere Vorlieben und Neigungen, unsere Bedürfnisse und Fähigkeiten zählen und wichtig sind.

WIR WÄHLEN SELBST AUS, welche Farbe die Socken haben sollen, ob wir ein Garn aus Kaschmir oder Polyacryl verstricken möchten, ob es ein schnelles Projekt mit dicken Nadeln oder etwas ganz Zartes, Feines werden soll. Wir wissen, ob uns der Sinn nach einer Herausforderung steht oder ob es etwas Schlichtes, Einfaches sein muss. Und können demnach selbst bestimmen, ob die Handschuhe ein Muster mit feinen Zöpfchen aus verdrehten Maschen oder einfache Zwei-mal-zwei-Rippen haben sollen. Wir bestimmen, ob es neon-bunt, pastellig-changierend oder edel-neutral zugehen soll. Und es hängt allein von unserer Ausdauer, unserem Lernwillen und vielleicht auch unserem Schlafbedürfnis ab, wie lange es dauert, bis das Projekt fertiggestellt ist. Die Weltpolitik hat es schwer, uns beim Stricken dazwischenzufunken. Und selbst die Menschen, mit denen wir zusammenleben, haben nur wenig Einfluss auf unsere Erfolge oder Misserfolge beim Stricken. Das tut der Seele schon mal sehr gut: Auch wenn alles um uns herum zusammenbricht, haben wir diese kleine Spielwiese, die nur uns gehört.

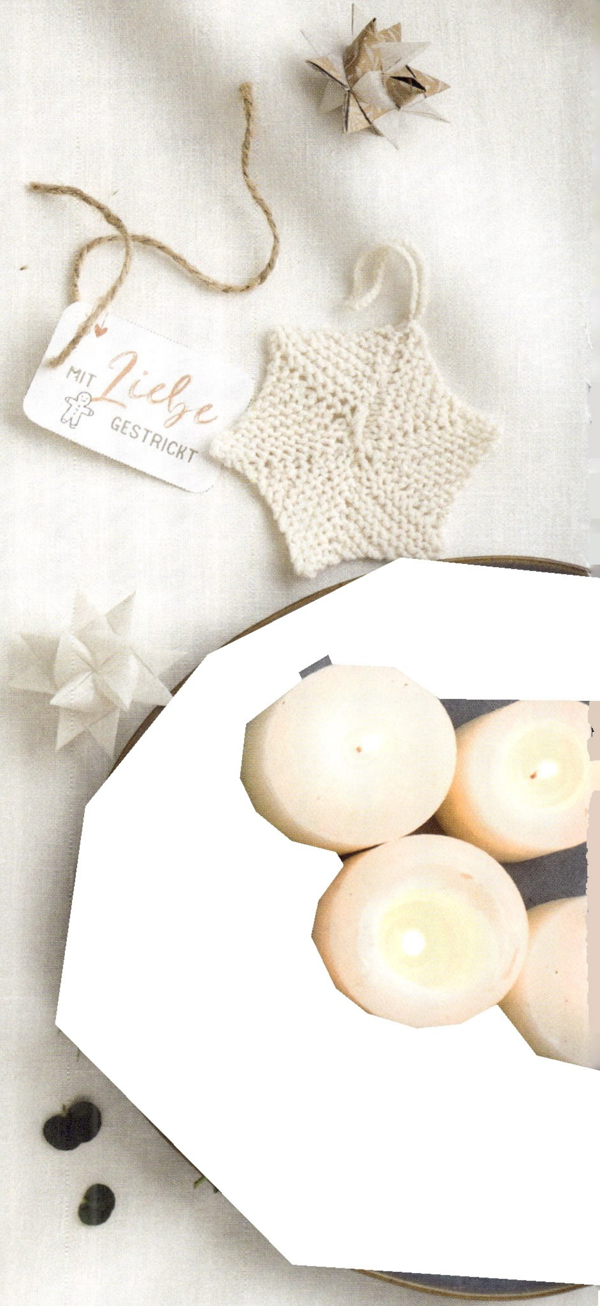

ABER STRICKEN IST NOCH VIEL MEHR ALS DAS: Wer strickt, hat ein großes Herz – das zeigen die vielen Spendenaktionen, bei denen Mützen für Obdachlose oder Frühgeborene, Wolldecken für geflüchtete Menschen oder Westen für Pinguine mit ölverschmutztem Gefieder entstehen. Wer eine Mütze anschlägt oder einen Raglanpullover, tut dies, wenn schon nicht in der Gewissheit, dann doch in der Hoffnung, dass diese Werke jemanden wärmen werden. Dass sie bestenfalls über viele Jahre gepflegt und getragen werden. Dass sie nützlich sind und – ganz bestimmt! – auch Freude machen.

WER STRICKT, glaubt fest daran, dass auch künftig bunte, warme Westen, Socken und Cowls gebraucht werden. Wer strickt, arbeitet aktiv an einer bunteren, warmherzigeren Zukunft. Wer strickt, hat Hoffnung und spendet – nicht nur mit den eigenen Werken – Wärme und Liebe. Egal, was da draußen in der Welt gerade passiert.

WAS KÖNNTE ALSO BESSER ZU WEIHNACHTEN PASSEN, als Zeit mit unserem Strickzeug zu verbringen?

Techniken

Beidseitiger Anschlag (Winding Cast-on von Åsa Tricosa)

Die folgende Anleitung basiert auf dem Foto-Tutorial der schwedischen Strickdesignerin Åsa Tricosa. Mehr zu ihr und ihren Designs auf www.asatricosa.com. Wir bedanken uns für die freundliche Genehmigung.

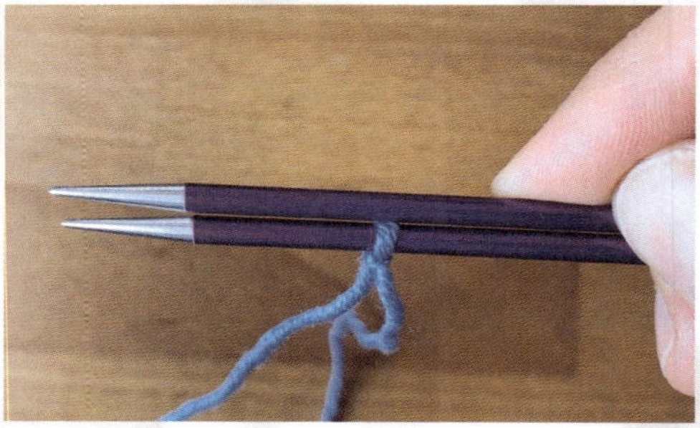

1 Beide Spitzen der Rundstricknadel eng zusammenhalten. Den Arbeitsfaden an der unteren Nadelspitze mit einem Laufknoten befestigen.

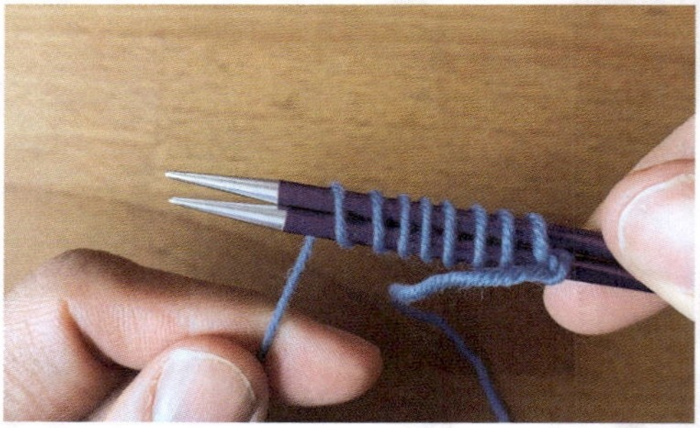

2 Den Arbeitsfaden von vorn nach hinten um beide Nadeln herumwickeln. Dabei sollten ca. 1-2 Umwicklungen mehr auf den Nadeln sein, als Maschen anzuschlagen sind.

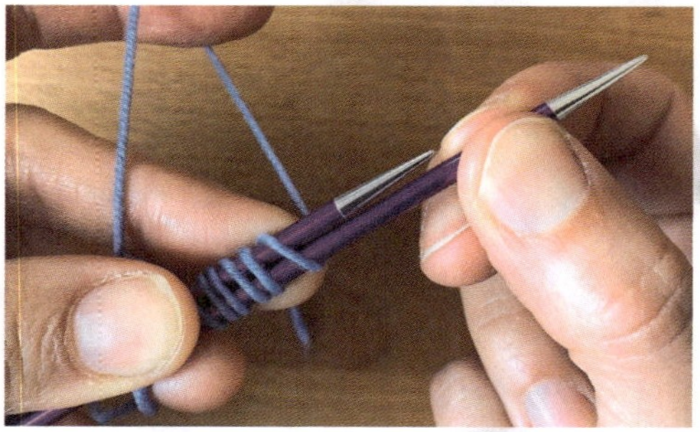

3 Den Arbeitsfaden festhalten und die beiden Nadelspitzen um 180 Grad im Uhrzeigersinn drehen, sodass die Spitzen nach rechts zeigen. Die untere Nadelspitze nach vorn herausziehen.

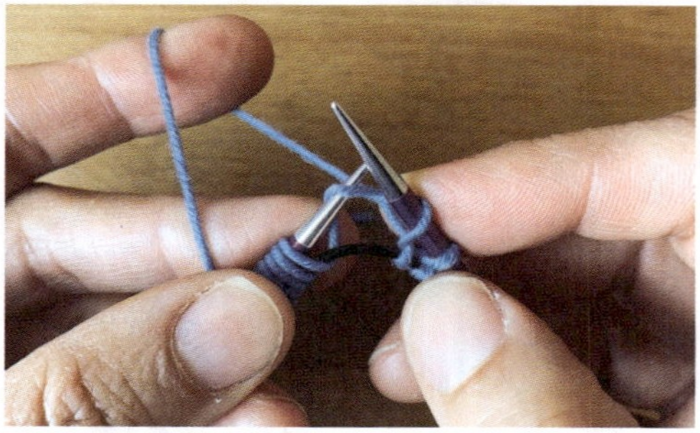

4 Jetzt mit der herausgezogenen Nadelspitze die Schlaufen, die sich auf der linken Nadel befinden, abstricken, bis sich so viele Maschen wie in der Anleitung angegeben auf der rechten Nadel befinden. Die verbliebenen Umwicklungen und den Laufknoten lösen.

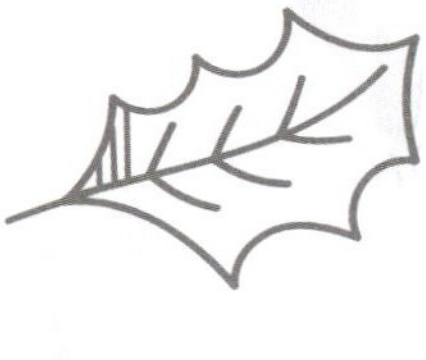

Magic-Loop-Technik (Weiterstricken nach dem beidseitigen Anschlag)

Der Magic Loop ist eine nützliche Methode, um schlauchförmige Objekte von kleinem Umfang mit einer langen Rundstricknadel zu stricken. Dies ist oft einfacher, als ein Nadelspiel zu benutzen.

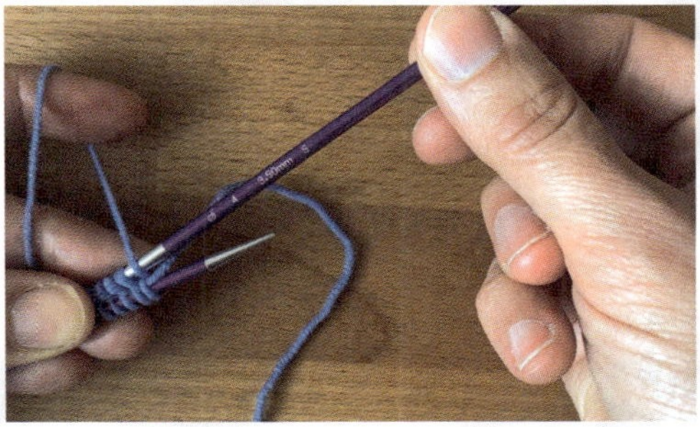

1 Nach Beendigung einer Reihe (also einer halben Runde) die Nadelspitze, die zum Abstricken verwendet wurde, in die Maschen zurückschieben.

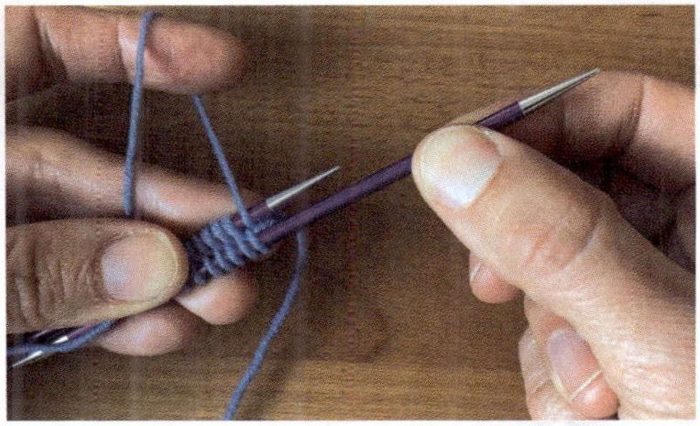

2 Die andere (untere) Nadelspitze nach vorn herausziehen. Mit ihr wird jetzt weitergestrickt.

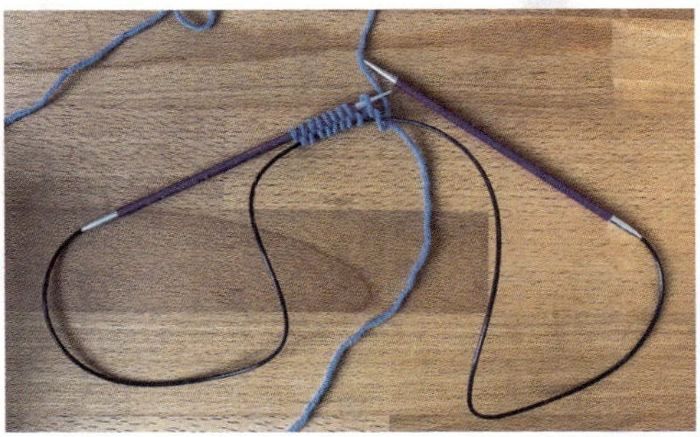

3 Draufsicht: Bei der Magic-Loop-Methode wird das Seil der Rundstricknadel links und rechts schlaufenförmig herausgezogen, daher der Name (engl. loop = Schlaufe).

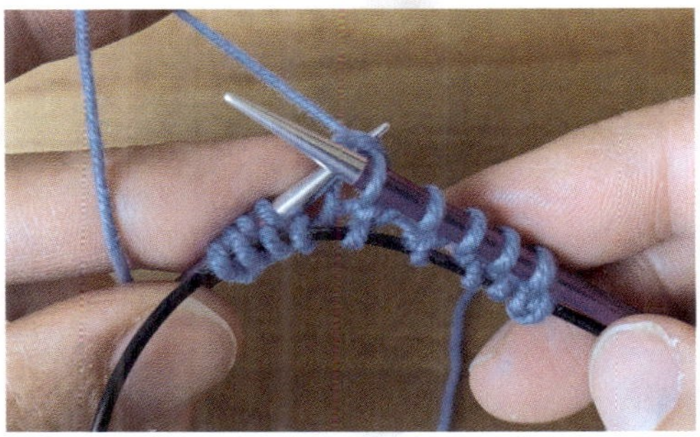

4 Mit der freien Nadelspitze die Maschen von der anderen Nadelspitze abstricken, bis darauf keine Maschen mehr verbleiben. Anschließend das Gestrick um 180 Grad im Uhrzeigersinn drehen und alles ab Schritt 1 fortlaufend wiederholen.

Zwei Maschen aus einer Masche herausstricken (kfb)

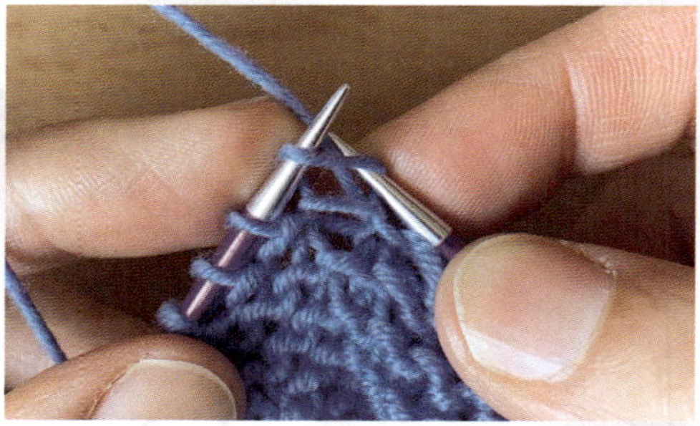

1 Die erste Masche rechts herausstricken, ...

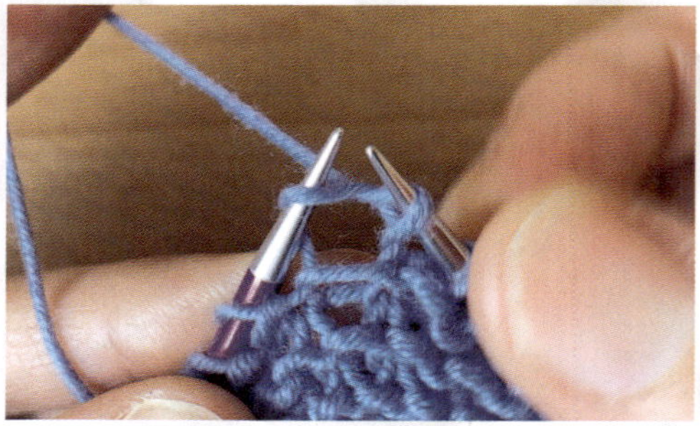

2 ... aber die alte Masche auf der linken Nadel lassen.

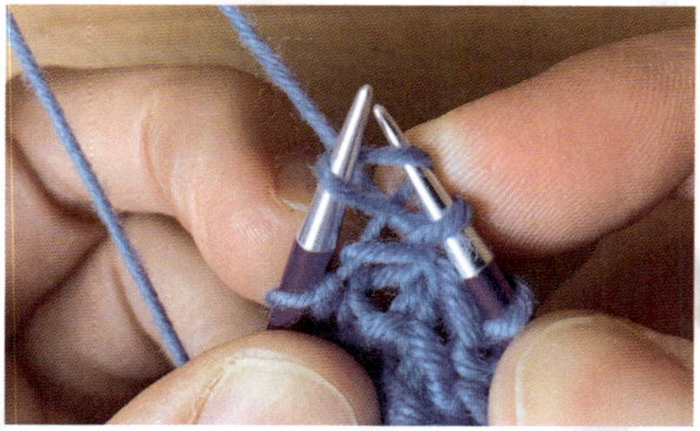

3 Jetzt ein zweites Mal in den hinteren Teil der Schlaufe einstechen und eine zweite Masche herausstricken.

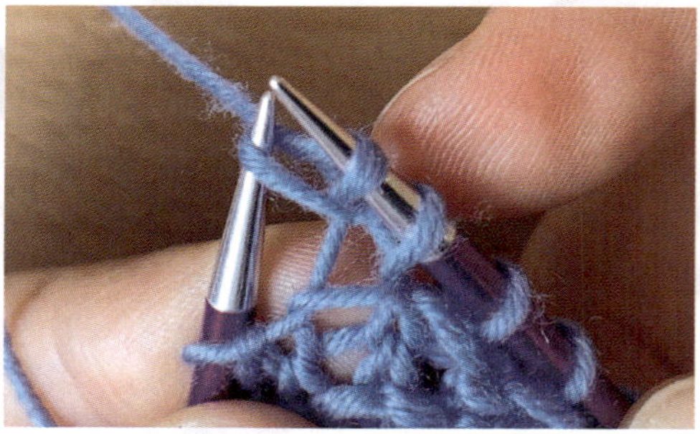

4 Dann die alte Masche von der linken Nadel rutschen lassen.

Eine Masche zunehmen (m1)

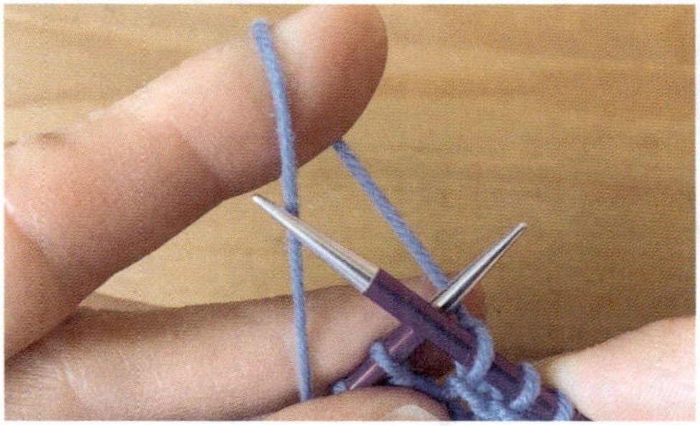

1 Den Arbeitsfaden von vorn nach hinten über den linken Zeigefinger legen.

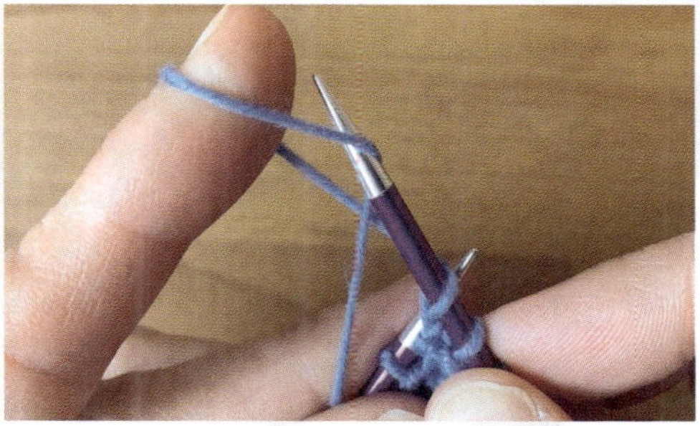

2 Die rechte Nadel von vorn unter den vorderen Faden führen.

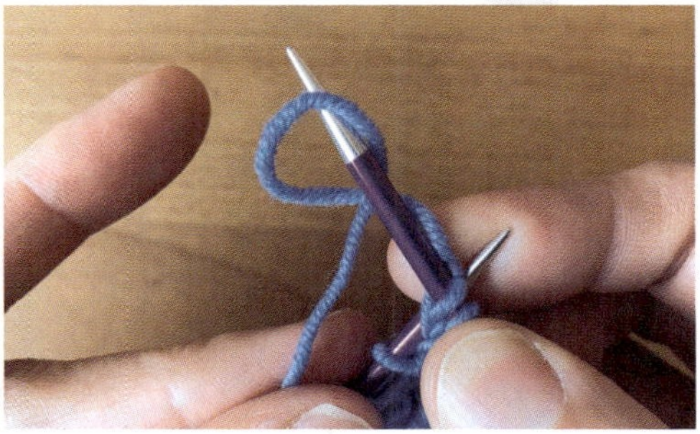

3 Den Faden vom Zeigefinger gleiten lassen.

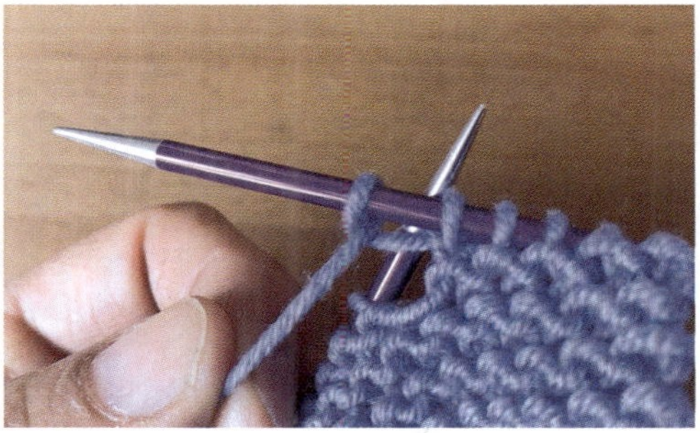

4 Den Faden mit der linken Hand stramm ziehen, sodass eine Schlaufe mit einer halben Drehung auf der rechten Nadel sitzt.

ABKETTEN MIT DREI NADELN

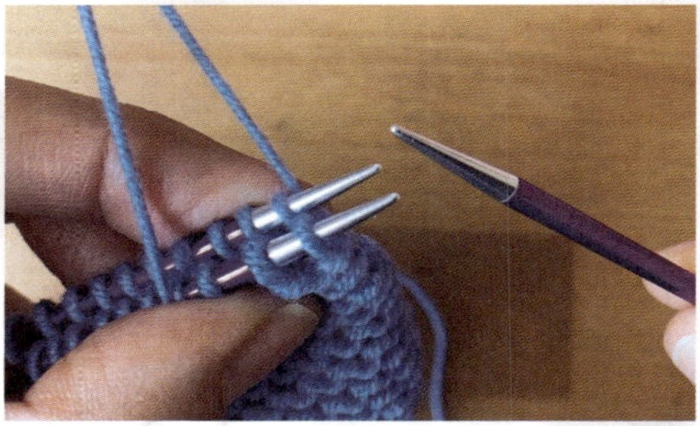

1 Die abzukettenden Maschen auf zwei Nadelspitzen schieben und diese eng in der linken Hand zusammenhalten.

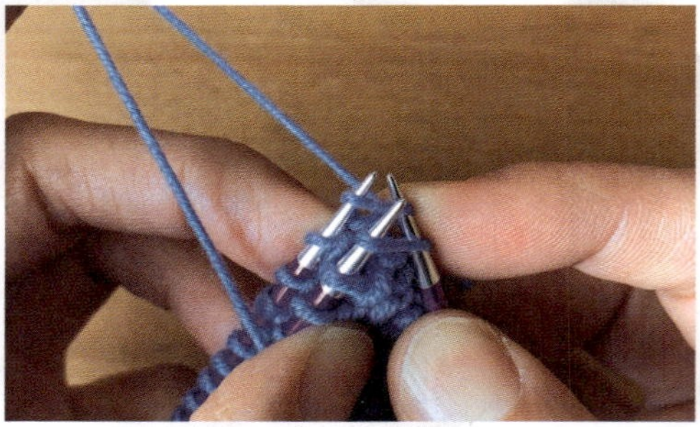

2 Eine weitere Nadel jeweils in eine Masche von der vorderen und eine Masche von der hinteren Nadel einführen und zusammen abstricken.

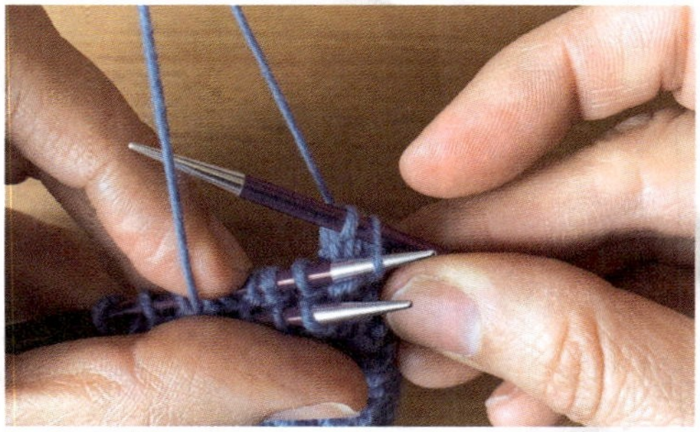

3 Schritt 2 nochmals arbeiten. Dann die entstandenen Maschen sofort abketten, indem die erste Masche mithilfe der linken Nadel über die zweite Masche gezogen wird.

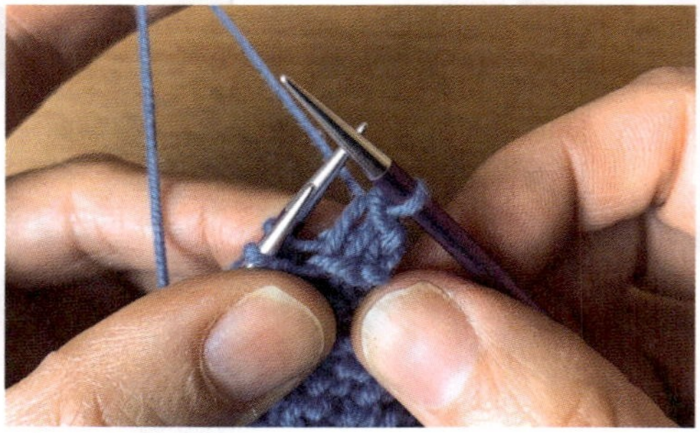

4 Schritt 2 fortlaufend wiederholen und die entstandenen Maschen abketten, bis keine Maschen mehr auf den zwei linken Nadeln verbleiben.

Wickeln und Wenden (w&w)

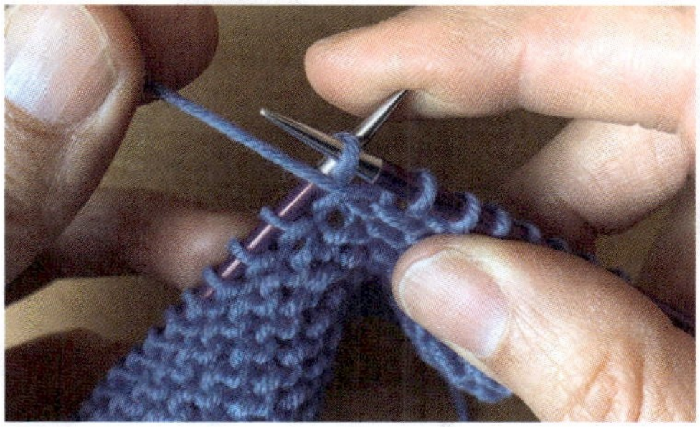

1 Den Arbeitsfaden vor die nächste Masche auf der linken Nadel legen.

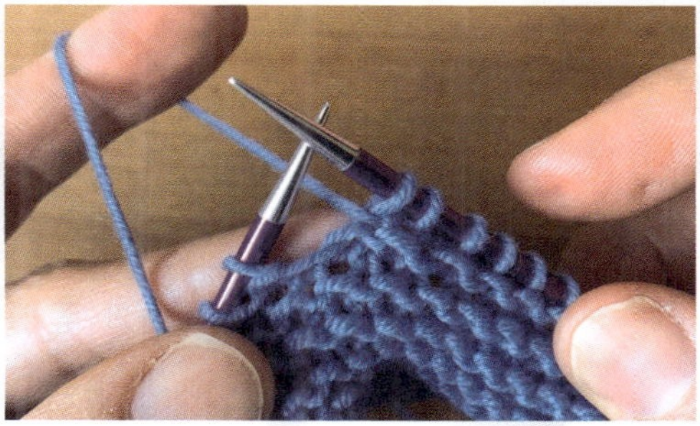

2 Die Masche abheben und den Faden zwischen den beiden Nadelspitzen nach hinten legen. Die Arbeit wenden.

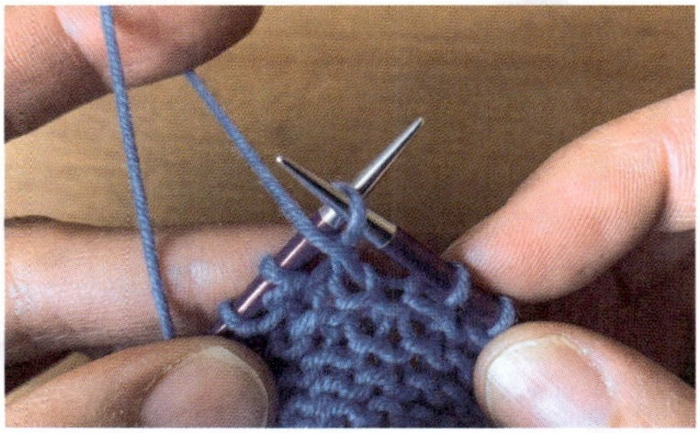

3 Den Arbeitsfaden wieder vor die Masche legen und die Masche erneut abheben.

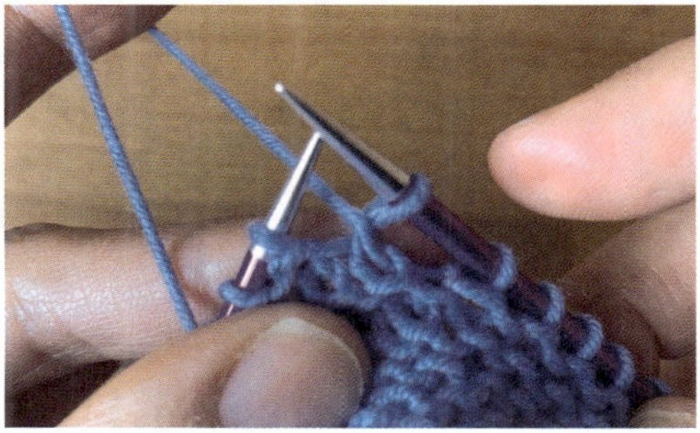

4 Die Masche wurde umwickelt.

Auflösen der umwickelten Masche

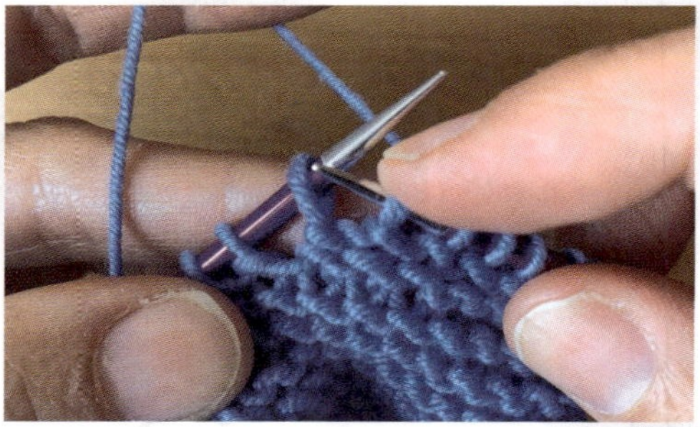

1 Bis zur umwickelten Masche stricken und die Umwicklung finden.

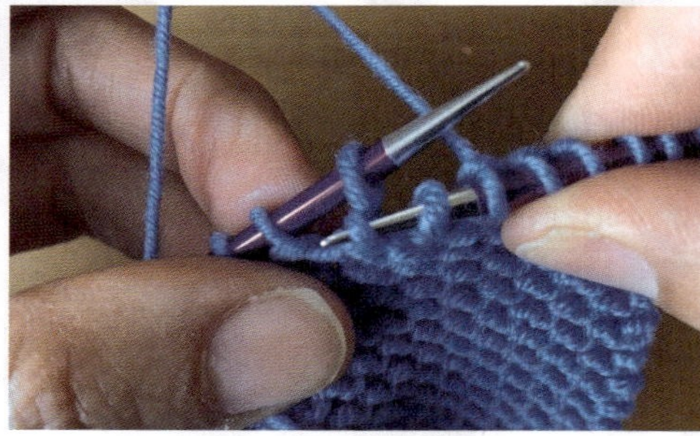

2 Die rechte Nadel in die Umwicklung einstechen.

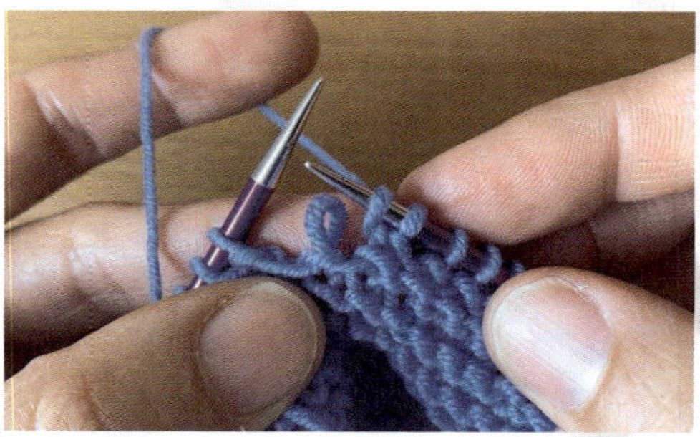

3 Die umwickelte Masche von der linken Nadel gleiten lassen.

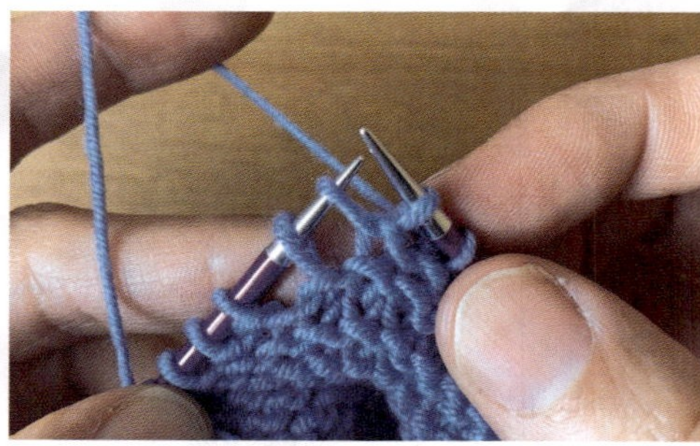

4 Die von der Umwicklung befreite Masche und die Wickelschlaufe auf die linke Nadel setzen und rechts zusammenstricken.

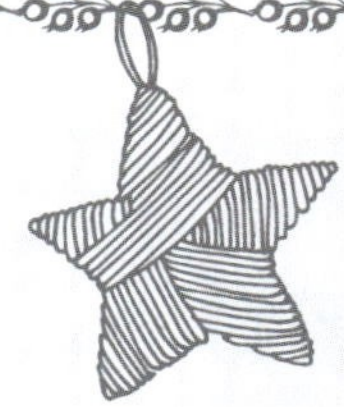

Abkürzungen

2reZus 2 Maschen rechts zusammenstricken.

kfb (engl.: knit into front and back)
Die 1. Masche rechts herausstricken, aber die alte Masche auf der linken Nadel lassen. Nun ein 2. Mal in den hinteren Teil der Schlaufe einstechen und eine 2. Masche herausstricken, dann die alte Masche von der linken Nadel rutschen lassen (siehe Seite 112).

m1 Eine Masche zunehmen, indem man mit dem Arbeitsfaden eine Masche mit einer halben Drehung auf die rechte Nadel aufschlingt (siehe Seite 113).

MM Maschenmarkierer

MMg Maschenmarkierer herübergleiten lassen.

ssk (engl.: slip, slip, knit)
1 Masche wie zum Rechtsstricken abheben, 1 weitere Masche wie zum Rechtsstricken abheben, dann die linke Nadel in beide Maschen stechen und diese zusammen abstricken.

w&w Wickeln und wenden, also den Arbeitsfaden vor die nächste Masche legen, die nächste Masche abheben, Arbeit wenden. In der nächsten Reihe den Arbeitsfaden wieder vor die abgehobene Masche legen und nochmals abheben – 1 Masche wurde umwickelt (siehe Seite 115).

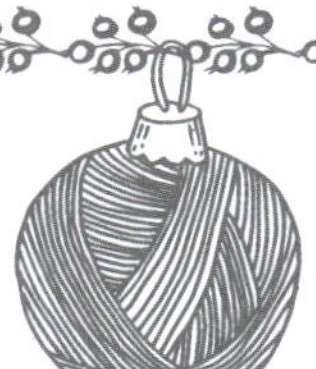

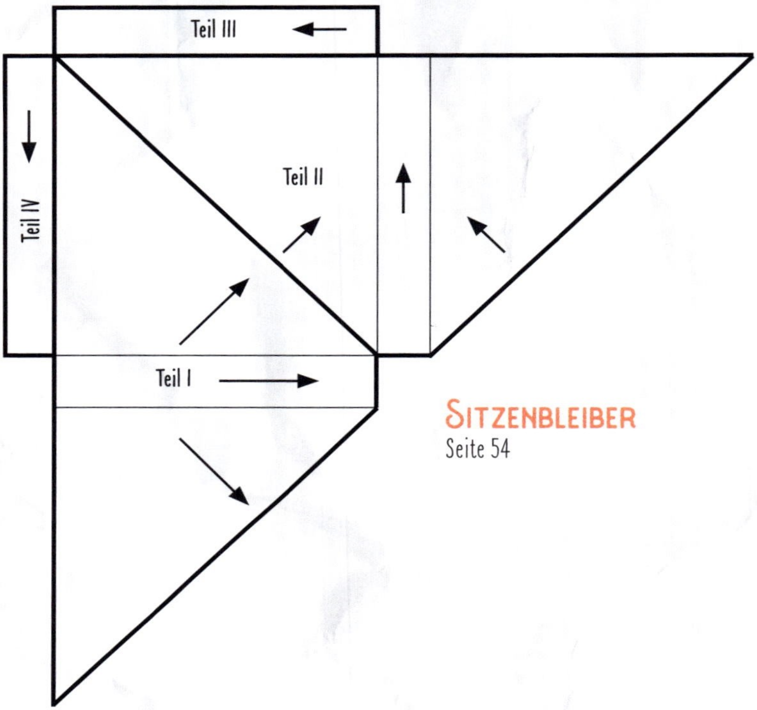

Sitzenbleiber
Seite 54

Wichtelfinger
Seite 22

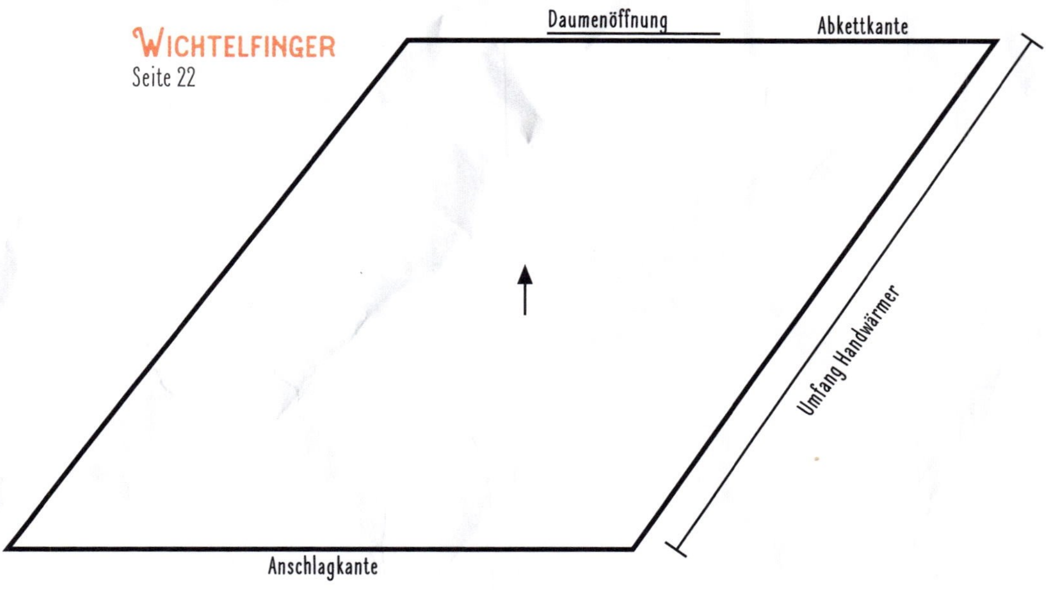

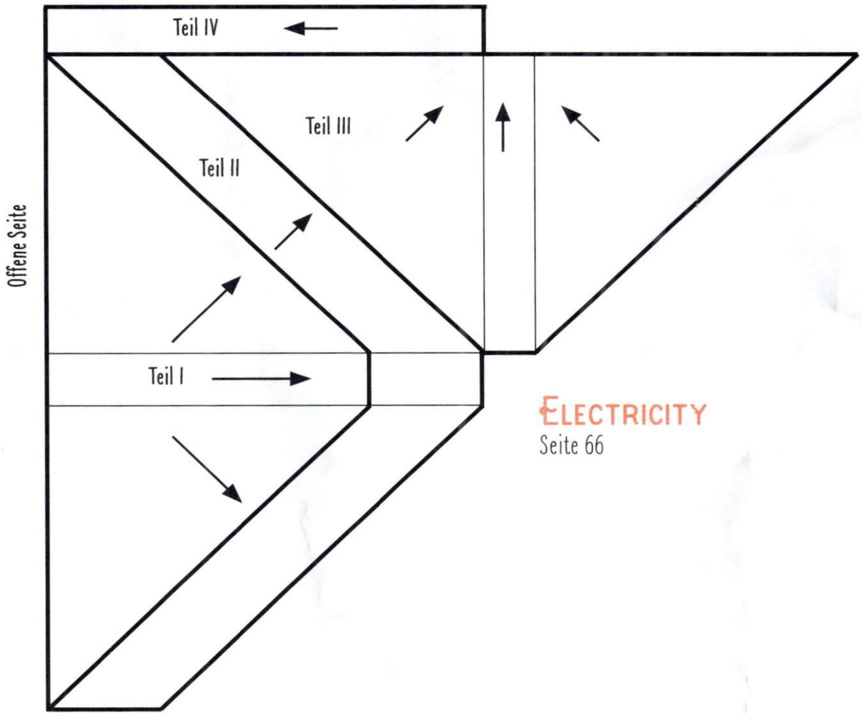

Electricity

Seite 66

Der Pfeil gibt jeweils die Strickrichtung an.

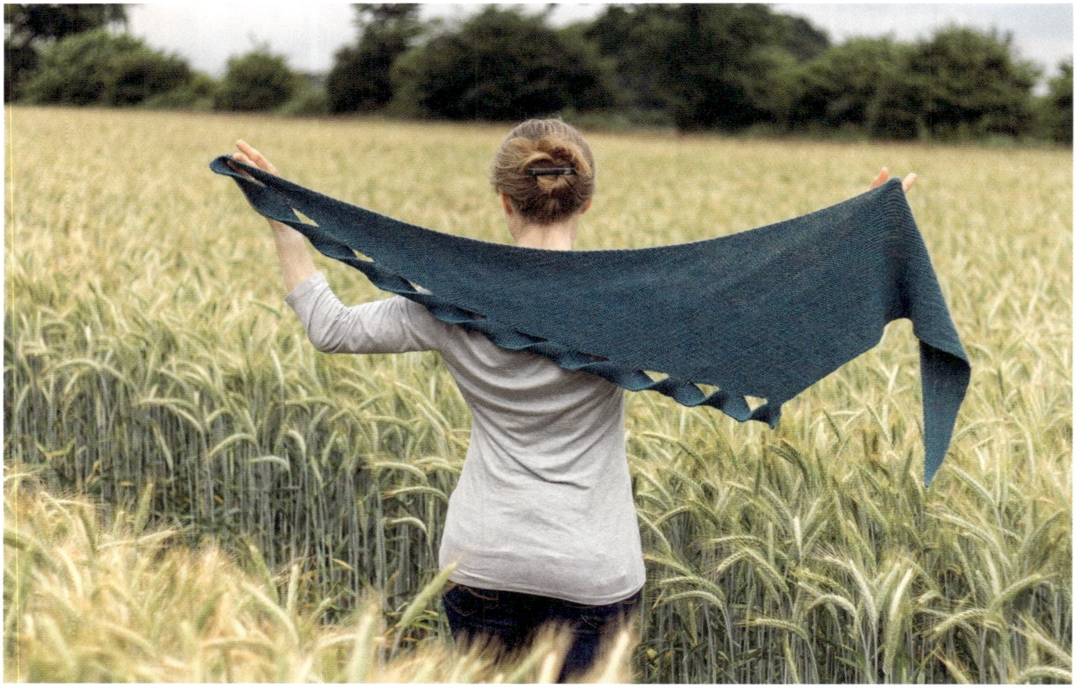

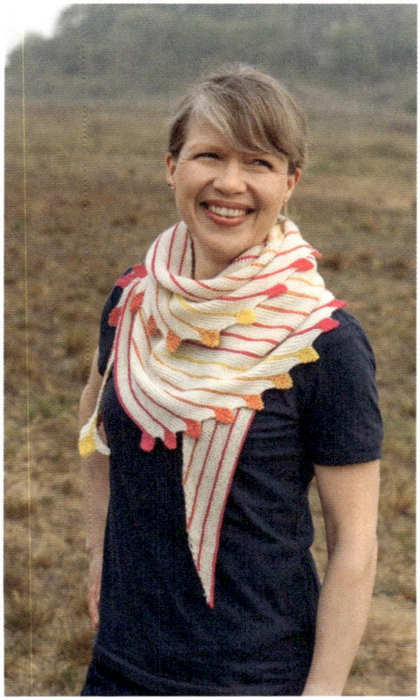

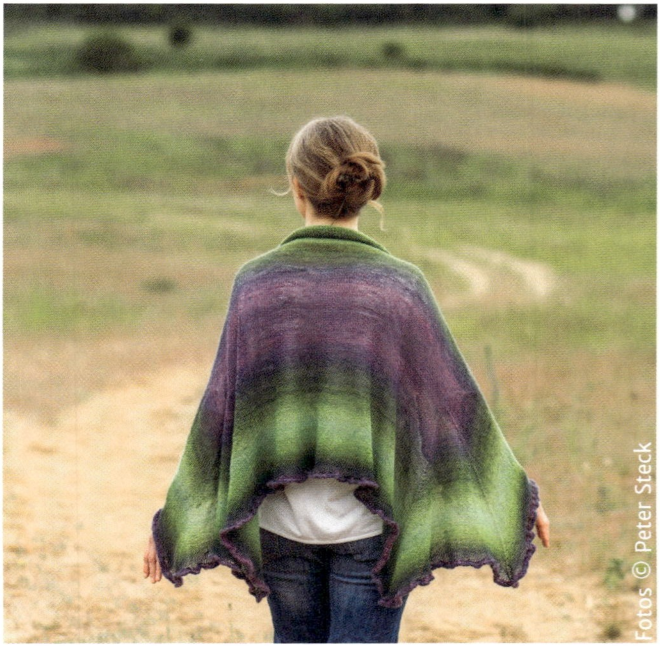

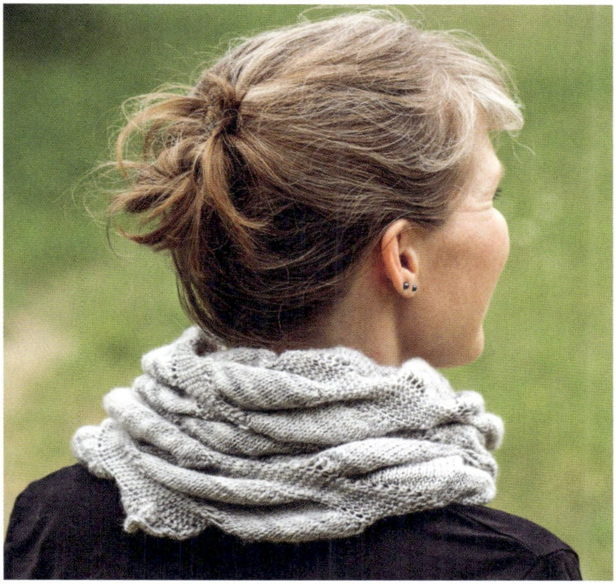

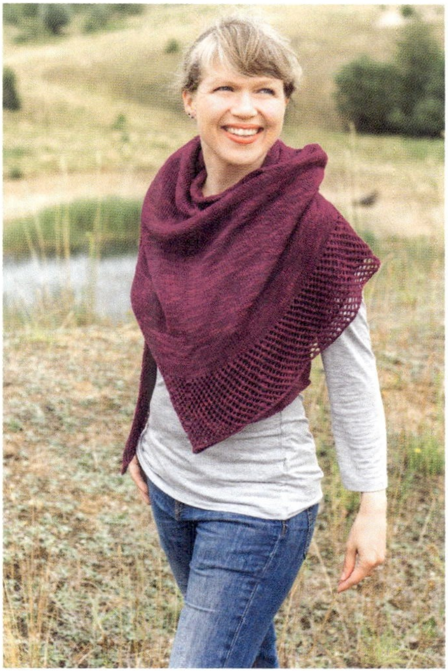

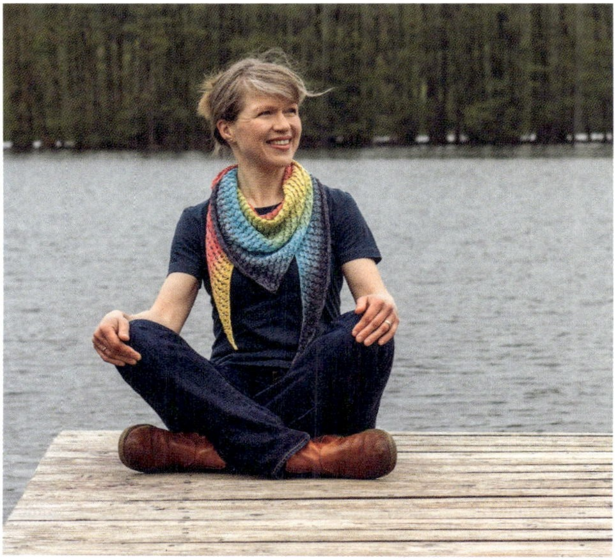

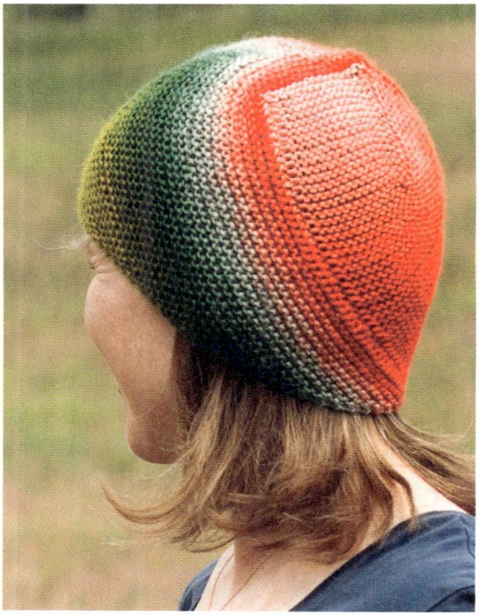

Buchempfehlungen für dich

Noch mehr kreative Bücher zum gleichen Thema gesucht?

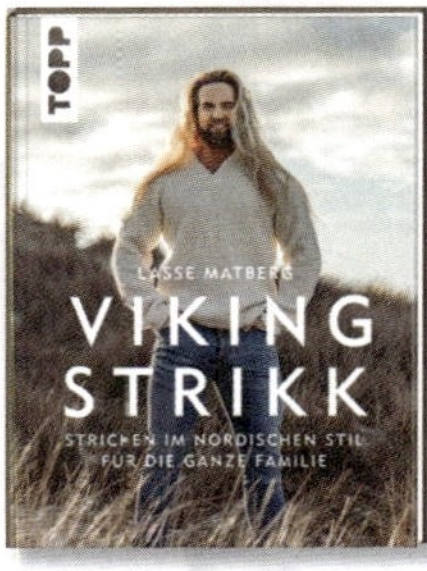

ISBN 978-3-7358-7000-1

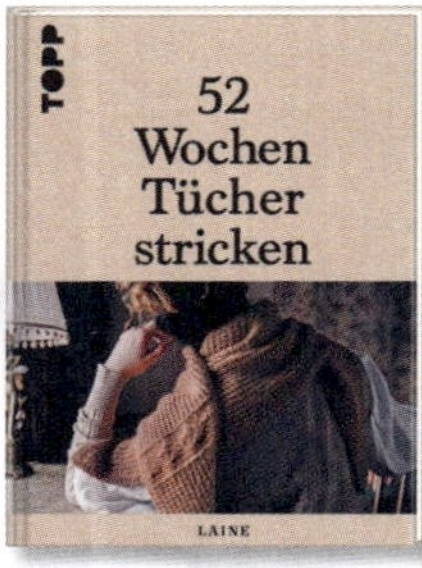

ISBN 978-3-7358-7009-4

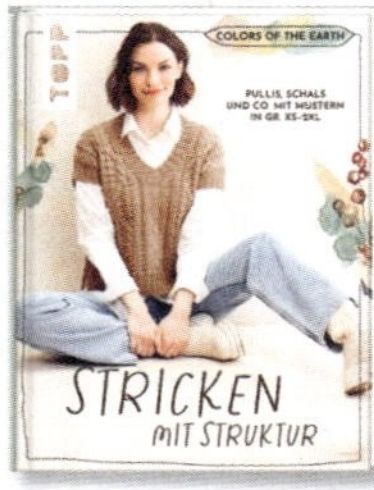

ISBN 978-3-7358-7014-8

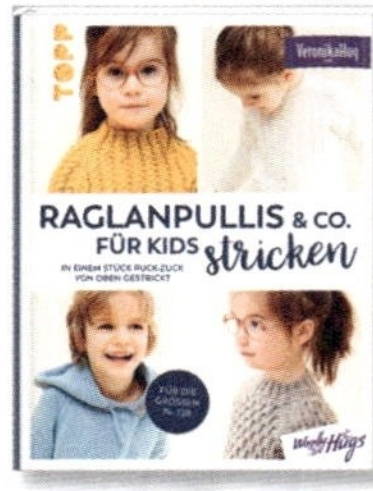

ISBN 978-3-7358-7020-9

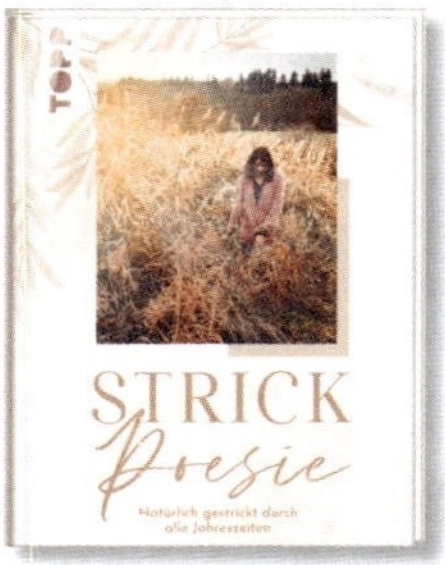

ISBN 978-3-7358-7006-3

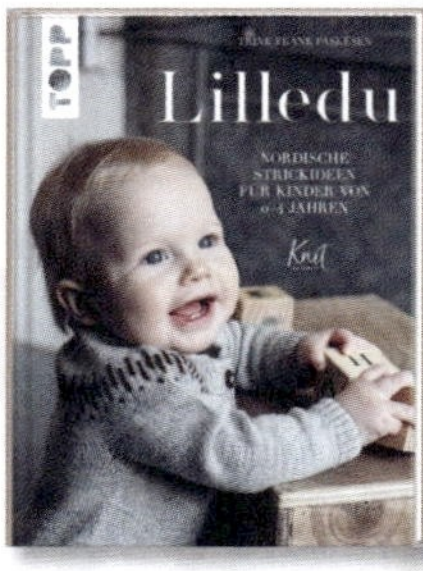

ISBN 978-3-7358-7015-5

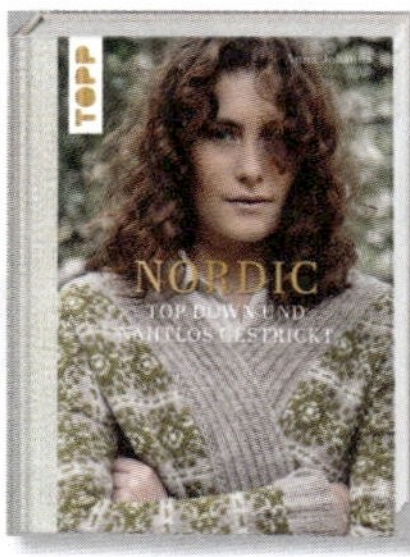

ISBN 978-3-7358-7029-2

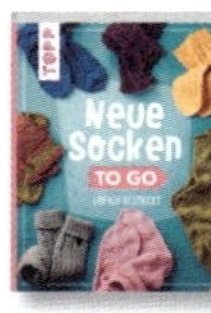

ISBN 978-3-7358-7016-2

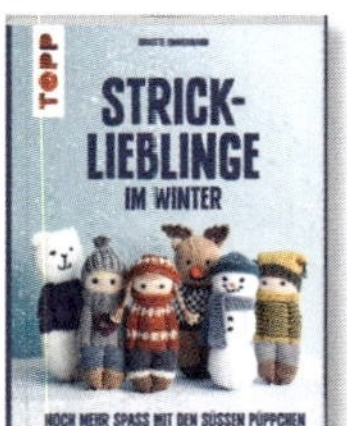

ISBN 978-3-7358-7025-4

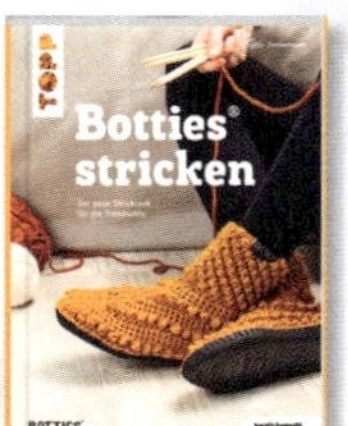

ISBN 978-3-7358-7019-3

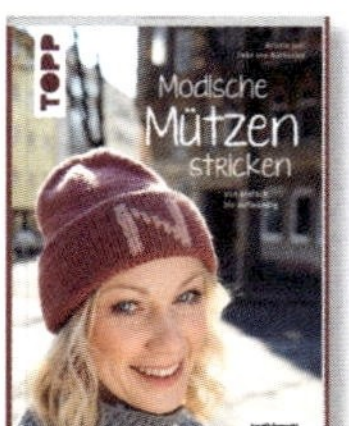

ISBN 978-3-7358-7026-1

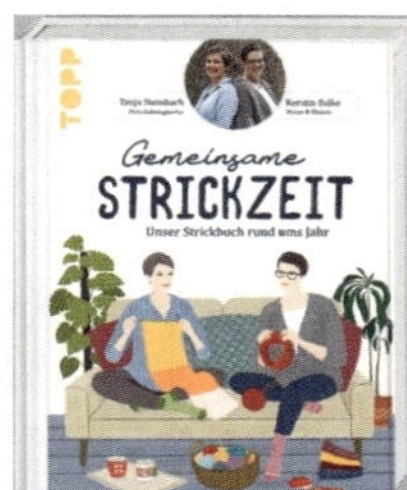

ISBN 978-3-7724-4875-1

Noch mehr Kreativ-Bücher findest du auf www.TOPP-kreativ.de

Wer wir sind, wie wir arbeiten, was wir lieben ...

Mehr über uns und unsere Arbeit und immer mit den neuesten Informationen versorgt schnell und einfach auf Instagram, Facebook und Pinterest.

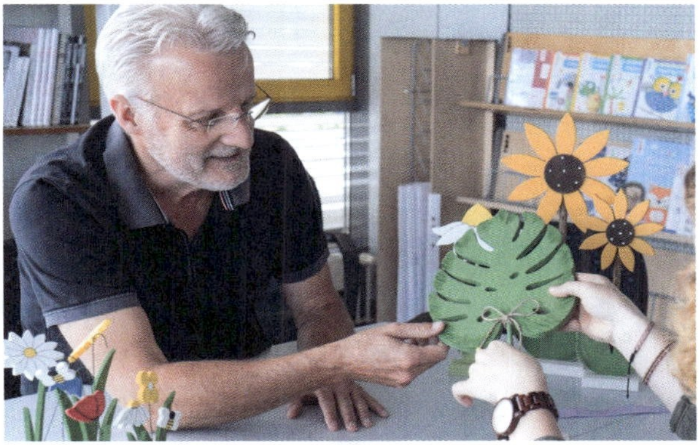

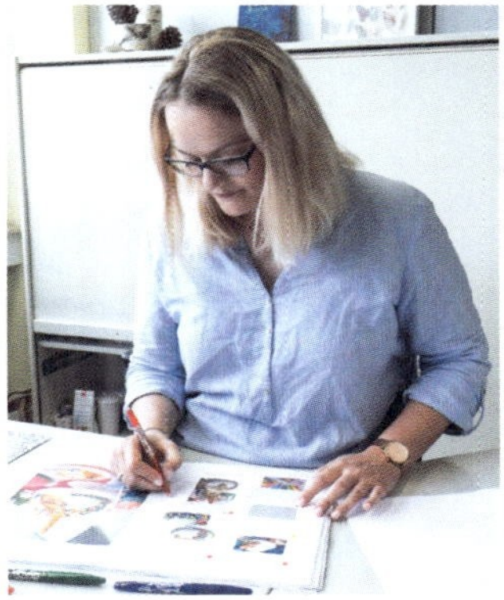

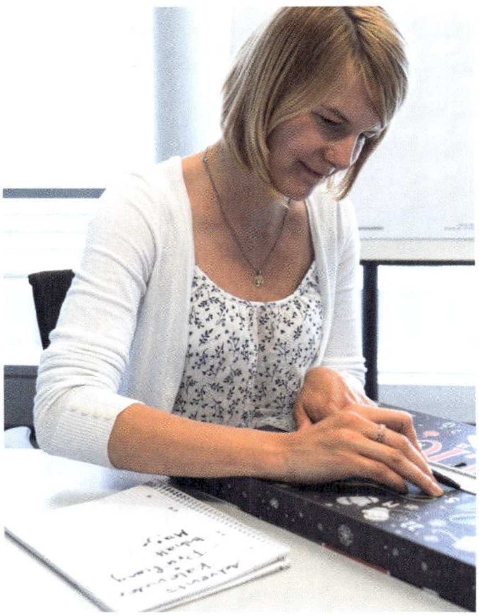

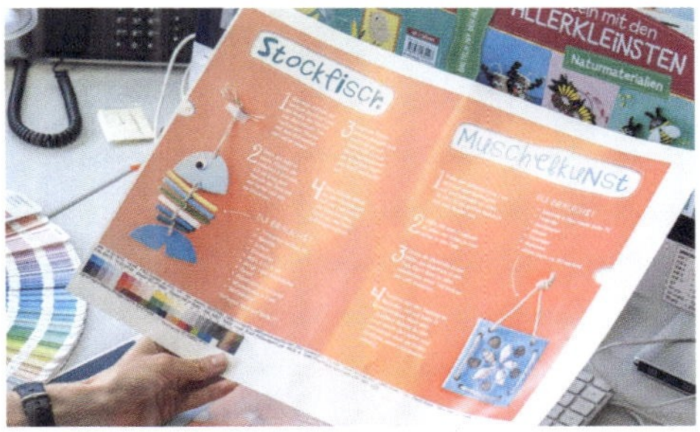

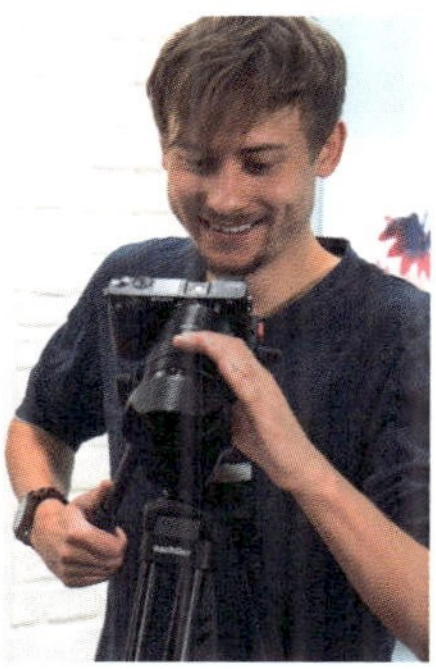

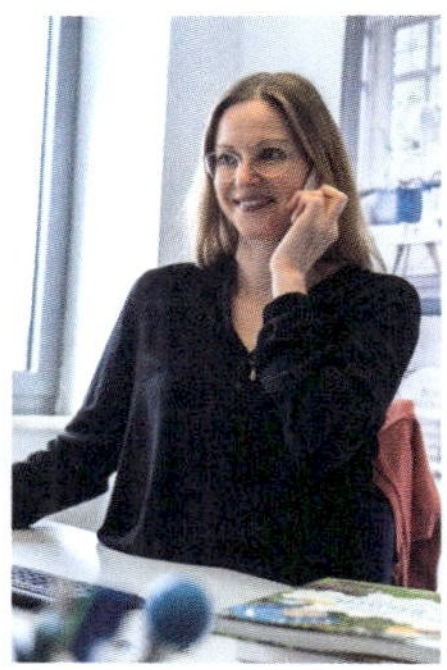

Alle News, alle Infos und alle Links findest du auf www.TOPP-kreativ.de

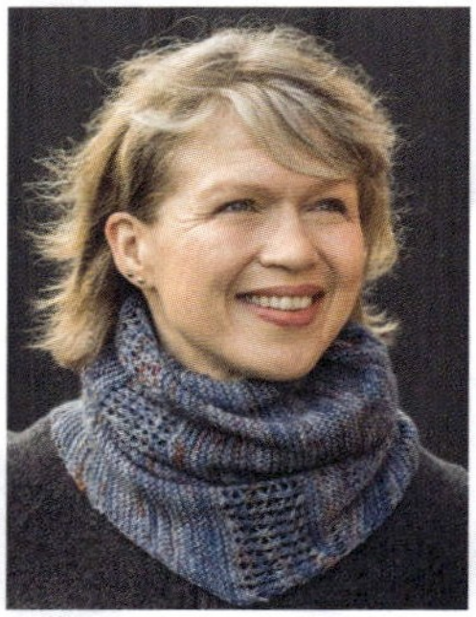

Martina Behm strickt, weil sie gerne etwas erschafft – und gerne Wolle in den Händen hat! Das ist schon seit ihrer Kindheit so. Und auch während ihres VWL-Studiums und ihrer Zeit als Journalistin hat sie das Stricken nie losgelassen. Ihre Strickanleitungen möchte sie so gestalten, dass sowohl das Stricken als auch das Tragen Spaß macht: möglichst einfach, entspannend und ohne linke Maschen. Martina Behm schreibt regelmäßig eine Kolumne für das Strickmagazin Rebecca und lebt mit ihrer Familie am Rande der Holsteinischen Schweiz.

Hilfestellung zu allen Fragen, die Materialien und Kreativbücher betreffen: Frau Erika Noll berät Sie.
Rufen Sie an oder schreiben Sie eine E-Mail!
Telefon: 07 11/12 37 57 20*
E-Mail: mail@kreativ-service.info

*normale Telefongebühren

DER CODE ZUM FREISCHALTEN DER EXTRAS LAUTET: **15020**

Impressum

FOTOS: frechverlag GmbH, 70499 Stuttgart; lichtpunkt, Michael Ruder, Stuttgart

SCHRITT-FOTOS: Martina Behm, 23824 Damsdorf

PRODUKTMANAGEMENT: Mareike Upheber

LEKTORAT: Regina Sidabras, Berlin

COVER-GESTALTUNG: Melanie Herrmann

LAYOUT: Petra Theilfarth

DRUCK UND BINDUNG: POLYGRAF PRINT spol. s r.o.

1. Auflage 2022

ISBN 978-3-7724-6893-3 · Best.-Nr. 6893

MIX
Aus verantwortungsvollen Quellen
FSC® C023577

Penguin Random House Verlagsgruppe
FSC® N001967

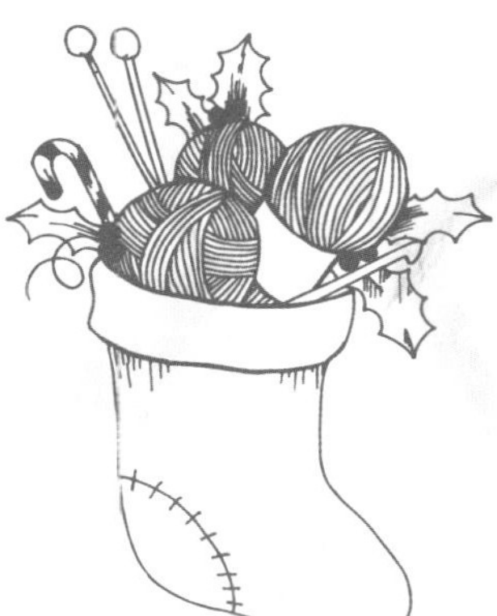